招聘管理

胡苗结 ■ 主编

清华大学出版社
北京

内 容 简 介

　　本书立足招聘岗位的核心工作内容,紧扣招聘活动的操作流程,基于目标职业发展的胜任力需要设置具体的招聘情境任务,从基础知识储备、人力资源规划与岗位需求分析、招聘需求与招聘准备、组建招聘团队、选择招聘渠道、筛选简历与组织笔试、组织面试、人员录用和入职管理、招聘评估与总结等角度,系统阐述了招聘管理的操作原理、方法和工具,并提供了大量可以应用于招聘管理活动的模板,可以帮助读者掌握招聘管理相关知识与技能,实现用人单位的高质量招聘目标。

　　本书可作为高等职业院校工商企业管理、人力资源管理专业相关课程的教学用书,也可作为企事业单位人力资源管理人员、招聘专员、管理咨询师等群体的参考用书。

图书在版编目(CIP)数据

招聘管理 / 胡苗结主编 . —北京 :清华大学出版社,2023.9
ISBN 978-7-302-64660-0

Ⅰ.①招… Ⅱ.①胡… Ⅲ.①企业管理—招聘 Ⅳ.①F272.92

中国国家版本馆 CIP 数据核字(2023)第 176578 号

责任编辑:强　澂
封面设计:曹　来
责任校对:李　梅
责任印制:曹婉颖

出版发行:清华大学出版社
　　网　　　址:http://www.tup.com.cn,http://www.wqbook.com
　　地　　　址:北京清华大学学研大厦 A 座　　　　邮　编:100084
　　社 总 机:010-83470000　　　　　　　　　　　邮　购:010-62786544
　　投稿与读者服务:010-62776969,c-service@tup.tsinghua.edu.cn
　　质量反馈:010-62772015,zhiliang@tup.tsinghua.edu.cn
　　课件下载:http://www.tup.com.cn,010-83470410
印　装　者:三河市少明印务有限公司
经　　销:全国新华书店
开　　本:185mm×260mm　　　印　张:11　　　字　数:250 千字
版　　次:2023 年 9 月第 1 版　　　　印　次:2023 年 9 月第 1 次印刷
定　　价:45.00 元

产品编号:103685-01

前　言

PREFACE

高质量的招聘管理是企事业单位的战略性活动。基于积极正向的价值观,在深入理解高质量招聘的内在价值基础上,招聘管理从业者需要具备相对扎实的理论知识和灵活的项目操作能力,掌握系统设计符合组织发展战略目标的招聘管理方案的方法,并有效实施与评价对应的项目,以促进企事业单位的可持续发展。

招聘管理是人力资源管理专业的必修核心课程,在学习管理学、经济学与组织行为学等课程的基础上,可与其他专业课程同步开设,进一步拓宽学生的知识面,强化招聘技能训练,塑造招聘管理岗位所需要的职业价值观,以提升招聘岗位的职业胜任力。

在实际理论学习与能力训练的过程中,本书简要介绍了招聘管理的基本知识及国内外人力资源管理领域的新成果,系统设计了现代组织招聘管理各模块对应的职业能力体系,有力推动价值观导向招聘的具体实践,并对现代组织招聘管理的发展动态做出说明,为学生从事符合核心价值观、具有工作能力、富有职业操守的人力资源工作打下理论基础和实践基础。

党的二十大报告指出,育人的根本在于立德。要统筹职业教育、高等教育、继续教育协同创新,推进职普融通、产教融合、科教融汇,优化职业教育类型定位。本书从人力资源岗位的胜任力、校企合作和工学结合的视角,注重理论与实践相结合,设计了情景思考、理论学习、材料研讨、方法学习、学习自测和实操训练模块,主要特色如下。

(1) 紧扣职业教育和教学内在规律,充分体现高质量招聘管理导向。结合职业教育发展和教学内在规律要求,本书能够深度联系新时代经济社会发展实际,围绕"创新驱动""敏捷人才管理""互联网+招聘管理"等发展动态,通过课程体系优化和学习项目设计,积极引导教育教学改革,充分运用职业教育、教学模式创新和招聘管理新理论,注重"理实一体化"综合训练,强化认知"三业"(行业、企业与职业),为招聘管理领域高质量发展提供了有效的解决方案。

(2) 突出强调学习者的中心地位,充分体现 KSA(知识学习、技能训练、素养习得)导向。本书紧密联系职业教育实际,坚持以人为本理念,以学习者为中心,不断重构学习场景,推动创新课程教学模式,注重挖掘大学校园里的人力资源学习情景、招聘实训项目等学习素材,让知识学习和能力训练充分贴近学生的校园生活,力求做到基本理论够用、强化职业技能训练。同时探讨课程思政育人新途径,塑造积极正向价值观,以推动落实"三教改革""三全育人"等精神,不断提高招聘岗位从业者的未来职业发展核心竞争力。

(3) 充分挖掘企业合作和网络平台价值,充分体现职业化导向。本书编者具有丰富的企业实践、第三方招聘合作和教育教学经验,秉承"生活即教育,教育即生活""人人皆可成才"的教育情怀,对新时代的企业经营管理和人力资源管理实践具有自身独特的见解,积极践行"角色、能力、行为和结果"四位一体的职业化教育理念。在编写过程中,编者一方面查阅了大量知名企业的招聘管理实践案例;另一方面重新梳理了多年的校企合作成果。同时,基于开放包容与数字共享的发展理念,为适应数字化时代学习的需要,编者还充分利用了诸多优质的网络资源。在此基础上,本书提供了大量实用的研讨材料、训练方法、表格工具、实操范本与实操方案,以工作手册的形式予以呈现,有助于日常课堂教学和能力训练,最终推动实现卓有成效的招聘管理目标。

综上所述,本书主要体现了以核心价值观为驱动、以招聘工作为主导、以招聘职业技能训练为核心的设计理念,全面阐述了人才招募、甄选、录用和评估等环节所需的实用知识和操作技能,并配备了高效的实战工具,为招聘岗位人才训练和培训提供了有效支撑。

本书在编写过程中,参考了国内外学者和行业、企业资深专业人士的论著和资料,在此一并表示感谢。由于编者水平有限,书中难免存在疏漏或不足之处,敬请广大读者批评、指正。

中国式现代化呼唤新作为。希望大家都能在新时代按照职业教育的本质要求,积极践行高质量招聘理念,为每一个用人单位把好"新人入门关",不断创新教育教学和培训开发模式,助推经济社会高质量发展,为实现大众的美好生活贡献职业价值。

编　者

2023 年 6 月

目　录

CONTENTS

基础知识储备

■ 学习目标

理解企业经营管理的环境因素,了解人力资源管理的基础知识,掌握招聘管理的基本概念与宏观分析方法。

■ 素质目标

对企业价值、客户价值、员工价值和高质量招聘形成正确认知,具备招聘岗位所需的职业意识与技能,培养大局意识、信息意识、生涯意识、爱岗敬业意识等。

■ 学习要点

环境分析、人力资源管理、招聘管理。

情景 思考

如何看待在招聘保安岗位时,某用人单位的招聘要求包括男性、身高180cm等条件?为什么?

任务一 企业战略定位与人才发展需求

理论学习

企业经营管理的环境

（一）巨变年代下的企业经营管理

随着经济社会的飞速发展,当今的企业面临诸多挑战和压力。影响企业经营管理的因素日益复杂多变,具有更多的不确定性,具体表现在:科学技术的快速发展、人口结构的不断变化、生态环境的不稳定性增强、人们消费观念的深刻转变、全球化资源配置与本土化运营思维的碰撞与交织等诸多方面。因此,企业需要在经营理念、商业模式、管理手段、人力资源管理等方面做出对应调整和创新,力求规避风险,发现商业机遇,不断提高自身竞争力,以逐步增强持续发展能力。

（二）人力资源管理的发展趋势

经济社会的发展表明,人力资源是第一资源。企业之间竞争的根本就是优质人力资源的竞争。为了更好地应对诸多挑战和压力,充分发挥员工的积极性、主动性和创造性,企业经营者越来越重视人力资源管理:在经营管理过程中,企业逐步树立了先进的员工价值理念;人力资源部门的功能和定位更加清晰,人力资源从业者更具有战略性思维和业务视角;广泛应用大数据、云计算等新型的人力资源管理工具,劳动者的工作效率得到大幅提高;在追求营利目标时,更加注重企业发展与员工发展的协同,以建立可持续的员工关系。

（三）高质量招聘与企业价值创造

企业谋求发展的根本在于人才。在新一轮产业革命推动下,企业创造价值的方式发生了深刻的变化,企业战略目标的实现途径更多依赖价值观积极正向、训练有素、富有敬业精神的员工队伍,企业打造核心竞争力体系与高质量的员工招聘系统有着千丝万缕的联系,构建卓有成效的招聘管理体系已成为一种必然要求。

材料研讨

人口老龄化是指人口中老年人比重日益上升的现象,尤其是指在已经达到老年状态的人口中,老年人口比重继续提高的过程。人口老龄化的定义有两层含义:一是人口老龄化是一个老年人口比重不断提高的动态过程,是人口总体在向老年型人口演变或者在老年型人口基础上进一步发展的过程;二是特指人口年龄结构已经进入老年型人口状态,老年型人口是人口老龄化发展的结果,是人口中老年人口比重超过一定界限的状态。国际上通常用老年人口比重作为衡量人口老龄化的标准,老年人口比重越高,人口老龄化程度也越高。一般把 60 岁及以上的人口占总人口的比重达到 10%,或 65 岁及以上的人口占总人口的比重达到 7% 作为一个国家或地区进入老龄化社会(或老年型人口)的标准。

根据《中华人民共和国统计法》和《全国人口普查条例》,我国以 2020 年 11 月 1 日零时为标准时点开展了第七次全国人口普查,主要目的是全面查清我国人口数量、结构、分布等方面的情况,为完善我国人口发展战略和政策体系、制定经济社会发展规划、推动高质量发展提供准确统计信息支持。此次调查的统计数据表明,0~14 岁人口为 25 338 万人,占 17.95%;15~59 岁人口为 89 438 万人,占 63.35%;60 岁及以上人口为 26 402 万人,占 18.70%(其中,65 岁及以上人口为 19 064 万人,占 13.50%)。与 2010 年相比,0~14 岁、15~59 岁、60 岁及以上人口的比重分别上升 1.35 个百分点、下降 6.79 个百分点、上升 5.44 个百分点。我国少儿人口比重回升,生育政策调整取得了积极成效。同时,人口老龄化程度进一步加深,未来一段时期将持续面临人口长期均衡发展的压力。

思考:我国人口老龄化的发展形势会对企业人力资源管理活动带来哪些机遇和挑战?为什么?

_____

_____

_____

_____

_____

方法学习

PEST 分析法

PEST 分析法是对宏观环境的分析方法,即通过对一个企业所处环境进行分析,判定该企业所面临的宏观经营状况,从而更好地进行战略决策。PEST 分析法在企业战略和人力资源管理决策过程中有着非常广泛的应用,具体分析如下。

(一)政治(法律)要素分析

政治(法律)要素(politics)分析是指对企业经营活动具有实际与潜在影响的政治力量和有关的法律、法规等因素进行分析。当政治制度与体制、政府对组织所经营业务的态度发生变化以及政府发布了对企业经营具有约束力的法律、法规时,企业的经营战略必须随之做出调整。法律环境主要包括政府制定的对企业经营具有约束力的法律、法规,如反不正当竞争法、税法、环境保护法以及外贸法规等,政治、法律环境实际上是和经济环境密不可分的一组因素。

（二）经济要素分析

经济要素（economic）分析是指对一个国家或地区的经济制度、经济结构、产业布局、资源状况、经济发展水平以及未来的经济走势等因素进行分析。构成经济环境的关键要素包括 GDP、利率水平、通货膨胀程度及趋势、失业率、居民可支配收入水平、汇率水平、能源供给成本、市场机制的完善程度、市场需求状况等。

（三）社会要素分析

社会要素（society）分析是指对组织所在社会的民族特征、文化传统、价值观念、宗教信仰、教育水平以及风俗习惯等因素进行分析。构成社会环境的要素包括人口规模、年龄结构、种族结构、收入分布、消费结构和水平、人口流动性等。

（四）技术要素分析

技术要素（technology）分析是指对组织所面临的科技发展、科技水平、研发投入、科技政策等因素进行分析。技术要素不仅包括那些引起革命性变化的发明，还包括与企业生产有关的新技术、新工艺、新材料的出现和发展趋势以及应用前景。

总之，PEST 分析法是对企业外部环境进行分析的基本工具，它通过四个方面的因素分析，从总体上把握宏观环境，以评价这些因素对企业战略目标和战略制定的影响。在人力资源管理决策领域，PEST 分析法发挥着重要作用。

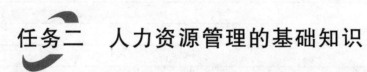

任务二　人力资源管理的基础知识

▣ 理论学习

一、人力资源管理的基本概念

人力资源管理是指企业为了更好地实现员工和组织的发展目标，而对人力资源的规划、招聘、培训、绩效、薪酬等进行管理的一系列活动的总称。

人力资源管理的具体活动可以概括为五个字：选、用、考、育、留，具体内容如表 1-1 所示。

二、人力资源管理的基本内容

人力资源管理的基本内容包括人力资源规划、工作分析、招聘管理、培训管理、绩效管理、薪酬管理、员工关系管理、职业生涯管理等。

三、人力资源管理的基本原理

人力资源管理的基本原理如表 1-2 所示。

表 1-1　人力资源管理的具体活动

具体活动	关 键 内 容
选	招聘选拔,涉及制订招聘计划、选择招聘渠道、甄选、录用和入职等方面,是企业获取人力资源的第一环节
用	人员配置,将合适的人安排到合适的岗位,实现人、职、企匹配,配置之前需做好工作分析及人员测评
考	绩效考核,对照考核标准,采用科学的考核方式,评定员工任务履行和绩效发展情况,并进行结果反馈
育	培训与开发,提高员工的知识和技能,改善员工的工作态度,并开展一系列的学习与训练活动
留	员工关系和薪酬激励,建立积极正向的员工关系,注重员工激励,留住优秀员工,增加员工忠诚度,提升企业绩效

表 1-2　人力资源管理的基本原理

基本原理	基本内涵
战略导向	体现企业战略及业务战略导向
人、职、企匹配	注重员工、岗位和企业文化的匹配性
同素异构	强化不同人员搭配与组织效应
互补优化	发挥员工个性特长与整体协同作用
公平竞争	制定公平的规则与促进公正的竞争
动态适应	适应内、外部环境并适时调整

四、人力资源管理的发展阶段

研究表明,人力资源管理一般分为三个发展阶段,如表 1-3 所示。

表 1-3　人力资源管理的发展阶段

发展阶段	侧重点
人事管理	事务性工作
人力资源管理	职能性工作
战略性人力资源管理	战略性工作

材料研讨

　　企业文化是用人单位具有自身特色的意识形态和行为规范的总和,一般包含经营理念、管理制度、行为规范和物质环境。我国著名企业家任正非说:"资源是会枯竭的,唯有文化才会生生不息。一切工业产品都是人类智慧创造的。华为没有可以依存的自然资源,唯有在人的头脑中挖掘大油田、大森林、大煤矿……"。在华为,企业文化系统必须是积极的、蓬勃向上的,如"要以奋斗者为本""不能让雷锋吃亏"。

思考：企业文化将如何影响企业的招聘活动？为什么？请举例说明。

_____

_____

_____

_____

_____

_____

方法学习

SWOT 分析法

SWOT 分析法又称态势分析法，是指将与研究对象密切相关的各种主要内部优势、劣势和外部的机会和威胁等，通过调查列举出来，依照矩阵形式排列，用系统分析的思想，将各种因素相互匹配起来加以分析，从中得出一系列相应的结论，而结论通常带有一定的决策性。其中，优势（strengths）、劣势（weaknesses）是内部因素，机会（opportunities）、威胁（threats）是外部因素，分析内容如下。

（一）优势

优势是组织机构的内部因素，具体包括有利的竞争态势；充足的财政来源；良好的企业形象；人力资源、技术力量；规模经济；产品质量；市场份额；成本优势；广告攻势等。

（二）劣势

劣势是组织机构的内部因素，具体包括设备老化；管理混乱；缺少关键技术；研究开发落后；资金短缺；经营不善；产品积压；竞争力差等。

（三）机会

机会是组织机构的外部因素，具体包括新产品；新市场；新需求；外国市场壁垒解除；竞争对手失误等。

（四）威胁

威胁是组织机构的外部因素，具体包括新的竞争对手；替代产品增多；市场紧缩；行业政策变化；经济衰退；客户偏好改变；突发事件等。

运用 SWOT 分析法，可以对企业经营和人力资源管理对应的研究对象所处的情景进行全面、系统、准确的研究，从而根据研究结果形成相应的发展战略、计划以及对策等。SWOT 分析法常常被用于制定人力资源发展战略和分析竞争对手情况，在战略分析中，它是最常用的方法之一。按照竞争战略的完整概念，企业人力资源战略应是一个"能够做的"（即组织的强项和弱项）和"可能做的"（即环境的机会和威胁）之间的有机组合。

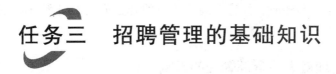

任务三　招聘管理的基础知识

理论学习

一、招聘管理的基本概念

招聘管理是指特定的企业基于自身战略定位与经营管理实际，以人力资源规划与工作分析为基础，并利用内外部渠道进行招募、甄选和录用合适员工的一系列管理活动的统称。

二、招聘管理的基本目标

（一）实现企业战略目标

通过有效的招聘活动，企业可实现自身的人才选拔、日常运营、价值创造等目标。

（二）促进员工发展目标

在顺利实现自身目标的同时，企业能够实现促进员工成长、学习与发展等目标。

三、招聘管理的基本依据

（一）人力资源规划

人力资源规划（human resource plan，HRP）是指为实现自己的战略发展目标，通过对企业未来的人力资源的需求和供给状况进行分析及估计，制订企业人力资源供需平衡计划的过程。

（二）工作分析

工作分析是指企业采用科学的方法收集工作信息，通过分析与综合所收集的工作信息找出主要工作因素，为工作评价与员工录用等提供依据的管理活动。工作分析的成果是工作说明书。

四、招聘管理的基本渠道

（一）内部招聘

内部招聘是指在企业出现职务空缺后，从单位内部选择合适的人选来填补这个位置，即侧重于运用内部渠道选拔和录用员工。

（二）外部招聘

外部招聘是企业到外部寻找符合岗位要求的合适人选的过程，即侧重于运用外部渠道选拔和录用员工。

五、招聘管理对人力资源管理的影响

人力资源管理的人力资源规划、工作分析、招聘管理、培训管理、绩效管理、薪酬管理等模块之间相互衔接、相互作用、相互影响，进而形成有效体系。招聘管理要把好"新人入门关"，对其他人力资源管理模块可谓"牵一发而动全身"。招聘管理对人力资源管理的影响如图 1-1 所示。

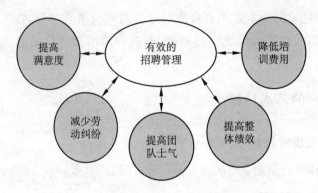

图 1-1　招聘管理对人力资源管理的影响

材料研讨

工作说明书作为企业重要的文件之一，是指用书面形式对内部各类岗位（职位）的工作性质、工作任务、责任、权限、工作内容和方法、工作环境和条件，以及本职务任职人资格条件所做的统一要求（书面记录）。它应该说明任职者应做些什么、如何去做和在什么样的条件下履行其职责。一份有效的工作说明书必须包括该项工作区别于其他工作的信息，提供有关工作是什么、为什么做、怎样做以及在哪里做的清晰描述。

大学辅导员是指从事学生的思想政治教育、学生日常管理、就业指导、心理健康以及学生党团建设等方面的工作的学校公职人员。每个辅导员管理一个或数个班级。按照规定，辅导员职责按照高等学校辅导员职业能力标准（暂行）执行。

思考：如果要给你的辅导员设计一份工作说明书，你会列举哪些主要内容？为什么？

_____

_____

_____

_____

_____

方法学习

招聘流程

一次科学有效的招聘从招聘需求分析开始,到招聘效果评估结束,招聘效果评估可以为下一次的招聘需求分析提供借鉴,其具体流程如图 1-2 所示。

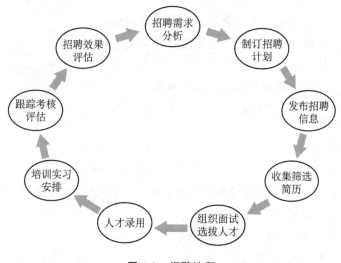

图 1-2　招聘流程

学习自测

一、判断题(对的打√,错的打×,请将合适的答案填写在对应的位置)

1. 招聘工作直接影响企业员工的稳定性。（　　）

2. 工作分析的成果是任职资格。（　　）

3. 随着企业竞争环境的剧烈变化,人才招聘需要从以企业为中心转变为以应聘者为中心。（　　）

4. 招聘理念是整个招聘过程和活动的指导思想,确定一个科学、适宜的招聘理念对设计和组织高效的招聘工作具有非常重要的作用。（　　）

5. 在不同国家的人力资源实践中,日本模式更注重以能力为基础,招聘主渠道多为校园招聘及内部调整。（　　）

6. 雇主品牌对企业的招聘活动影响不大,求职者更多会看用人单位的薪资待遇。（　　）

7. 在"互联网＋"时代,企业招聘团队必须具有互联网思维,熟悉互联网招聘的基本工具与技巧,需要深刻理解战略、组织结构、行业与职位。（　　）

8. 人员招聘必须遵守国家的法律、法规和政策,面向全社会公开招聘,必须对应聘者进行全面考核,并公开招聘结果。（ ）

9. 中国已经进入老龄化社会,有效的人力资源供给逐渐下降,人力资源市场发生变化,人口城镇化率进一步提高,生活成本上升,倒逼人工成本增长。（ ）

10. 经验管理阶段的企业招聘工作主要是满足工厂的生产与经营需要,对员工的要求主要是看其掌握的技术是否熟练以及年龄、体力等方面是否符合工作要求。（ ）

二、单项选择题（请将合适的答案填写在对应的位置）

1. 以下关于招聘意义的说法,不正确的是（ ）。

    A. 招聘工作处于企业人力资源管理的首要地位

    B. 招聘工作是一项树立企业形象的对外公关活动

    C. 招聘工作对企业人力资源管理的费用不产生直接影响

    D. 招聘人才的结果影响企业今后的发展

2. 通过细分领域和为人才提供最合适的岗位,企业可以精准快速地找到合适的人选的技术是（ ）。

    A. 社交媒体   B. 数字营销

    C. 移动化   D. 自媒体

3. 在招聘过程中,导致招聘质量下降的因素很多。以下属于主观影响因素的是（ ）。

    A. 招聘前期没有进行工作分析

    B. 甄选过程过于轻率,轻易相信求职者

    C. 招聘计划不科学、不合理

    D. 招聘甄选的标准有缺陷

4. 重点招聘原则是指（ ）。

    A. 在组织招聘过程中,要坚决贯彻"二八法则"

    B. 在组织招聘过程中,要坚决避免人才高消费

    C. 在组织招聘过程中,要严格遵守法律、法规

    D. 在组织招聘过程中,要注意控制招聘成本

5. 企业招聘的最终目的是（ ）,达到企业整体效益的最优化。

    A. 每个岗位的人员都是最合适的

    B. 每个岗位的人员都是最优秀的

    C. 极大地控制人工成本

    D. 符合国家法律、法规

6. 以下内容中,属于招聘录用环节的是（ ）。

    A. 笔试   B. 体检

    C. 招聘总结   D. 新员工上岗培训

7. 以下说法中,不属于网络招聘的优点的是（ ）。

    A. 招聘范围广   B. 招聘效率高

    C. 招聘质量有保障   D. 招聘成本低

8. 组织招聘的对象为（ ）。

A. 组织需要的有经验的人力资源

B. 组织所需的外部人力资源

C. 组织所需的内部人力资源

D. 组织所需的内、外部人力资源

9. 以下选项中,不属于初步甄选工具的是(　　)。

A. 筛选简历　　　　　　　　　　B. 背景调查

C. 笔试　　　　　　　　　　　　D. 体检

10. 在人力资源管理的各项活动中,(　　)处于首要地位。

A. 培训管理　　　　　　　　　　B. 招聘管理

C. 绩效管理　　　　　　　　　　D. 薪酬管理

三、多项选择题(五个备选项中至少有两个符合题目要求,请将合适的答案填写在对应的位置)

1. 以下属于人力资源管理的外部环境的是(　　)。

A. 组织环境　　　　　　　　　　B. 科技环境

C. 人口环境　　　　　　　　　　D. 经济环境

E. 文化环境

2. 企业人力资源规划的作用包括(　　)。

A. 满足企业总体战略发展的要求

B. 提高企业人力资源的利用效率

C. 促进企业人力资源管理的开展

D. 协调人力资源管理的各项计划

E. 满足政府有关的劳动就业制度的强制要求

3. 影响企业人力资源管理活动的法律因素的是(　　)。

A. 户籍制度　　　　　　　　　　B. 劳动力市场价位

C. 最低工资标准　　　　　　　　D. 产业政策

E. 技术进步

4. 以下关于招聘管理的说法,合理的有(　　)。

A. 招聘质量的高低直接影响着企业员工的用工成本

B. 招聘依据是人力资源规划和工作分析

C. 对于文员等一般的岗位招聘,面试就可以保证其能力与岗位匹配

D. 招聘过程中的心理测评可以考查被测评者的思想道德修养与应变能力

E. 无领导小组讨论对于更多倾向于人际交往类的岗位招聘非常有效

5. 针对目前企业管理过程中的招聘问题,可以采取的有效措施包含(　　)。

A. 树立"以人为本"的科学理念

B. 注重招聘前期的基础工作

C. 建立健全招聘程序

D. 提高招聘人员的素质

E. 注重招聘管理的评估

实操训练

请联系学校的实际情况,为自己所感兴趣的某社团设计一份简明的成员招新简章,并画出招新流程图。

学习评价

本项目学习任务综合评价表

班　级		姓　名		学　号		
评价项目	评价标准	分值	自评	互评	师评	总评
环境分析	熟悉宏观环境分析因素	10				
知识回顾	理解对应知识体系	10				
新知识导入	掌握对应知识体系	20				
材料研讨	会运用素材、参与积极、认识深刻、见解独到等	30				
方法训练	熟练运用所学方法解决具体问题	20				
自测效果	学习成效符合测评要求	10				
合　　计		100				

项目二　人力资源规划与岗位需求分析

■ 学习目标

　　理解人力资源规划的基本概念,了解人力资源规划的影响因素,掌握人力资源规划的基本内容,了解人力资源规划的基本原则与作用,掌握人力资源规划的基本方法;理解工作分析的基本概念,掌握工作分析的主要内容,了解工作分析的信息来源,掌握工作分析的基本程序与方法;理解岗位胜任力的基本概念,了解岗位胜任力的基本模式,掌握基于岗位胜任特征的招聘流程,掌握构建岗位胜任力模型的方法与程序。

■ 素质目标

　　塑造正确的招聘价值观,培养规划意识、定量分析意识、高质量发展意识等。

■ 学习要点

　　人力资源规划、工作分析、岗位胜任力。

 情景 思考

　　在你心目中,周围学习表现或工作绩效最卓越的小伙伴具有哪些特征? 为什么?

任务一　人力资源规划

理论学习

一、人力资源规划的基本概念

人力资源规划是指企业为实施自身的发展战略和完成经营目标,根据内外环境的变化,通过对未来人力资源的需求和供给状况进行分析,运用科学的方法进行组织设计,对人力资源的获取、配置、使用、激励等各个环节进行系统规划,制订企业人力资源供需平衡计划,以确保企业在需要的时间和需要的岗位上,获得各种急需的人力资源,保证事得其人、人尽其才、才尽其用,从而实现人力资源与其他资源的合理配置,有效激励、开发员工的规划。

概括而言,人力资源规划是促进战略目标实现的人力资源管理战略解决方案,可分为三种情形,如表 2-1 所示。具体内容包括具体数量分析、对应的结构设计与具体的解决策略制定。

表 2-1　人力资源规划的三种情形

基本形式	主要表现
人力资源供求平衡	人才需求和供给对等,一般很少出现
人力资源供不应求	人才需求预测会出现短缺
人力资源供过于求	人才供给预测会出现过剩

二、人力资源规划的影响因素

影响企业开展人力资源规划的因素一般表现在三个方面,如图 2-1 所示。

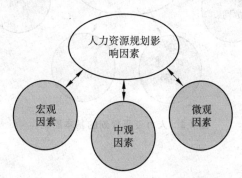

图 2-1　人力资源规划的影响因素

（一）宏观因素

宏观因素是指影响各行各业的宏观因素，如政治法律、经济发展、社会文化、科学技术等。

（二）中观因素

中观因素分析是指影响行业及其结构的因素，如行业需求、供应商、客户等。中观因素分析是介于宏观经济与微观经济分析之间的中观层次分析，是发现和掌握行业运行规律的必经之路，对指导行业内企业的经营规划和发展具有决定性的意义。

（三）微观因素

微观因素分析是指企业自身的因素，如用人理念、人才结构、发展阶段等。在此基础上，企业能够设计、选择与实施对应的人力资源规划方案。

三、人力资源规划的基本内容

（一）总体规划

总体规划主要涉及企业的经营方针、人力资源管理的政策与制度、人力资源管理的经费投入等。这些方面既体现了企业的战略意图，更影响着自身的各项业务规划。

（二）各项业务规划

各项业务规划主要涉及不同层次员工的具体数量、对应结构、人才素质，人员配备计划，人员补充计划，人员晋升计划等。各项业务规划需要符合总体规划的整体安排，也决定着总体规划目标的成败。

四、人力资源规划的基本原则

企业开展人力资源规划的基本原则一般表现在四个方面，如图 2-2 所示。

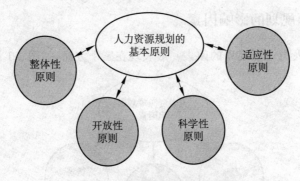

图 2-2 人力资源规划的基本原则

（一）整体性原则

整体性原则体现在如何将企业中数量众多的人力资源联结成具有核心竞争力的资源，以充分实现企业人力资源管理的整体效益。

（二）开放性原则

开放性原则强调的是企业在制定人力资源发展战略时，要有开放的思维，充分考虑规划的各个方面，考虑问题要思路开阔、不局限。

（三）科学性原则

科学性原则强调的是企业人力资源规划必须遵循人力资源培养、发展的客观规律，从现实出发，以人力资源供求为基础，进行科学、客观、有效的人力资源规划。

（四）适应性原则

适应性原则强调的是企业人力资源规划要随着企业内、外部经营环境的变化，不断调整具体的应对规划方案，力求做到因地制宜。

五、人力资源规划的基本作用

人力资源规划的基本作用表现在：有利于实现企业总体战略目标；有利于满足人力资源的需求；有利于人力资源管理活动的有序化；有利于调动员工的积极性和创造性；有利于控制人力资源成本。

材料研讨

美国斯坦福大学人工智能研究中心尼尔逊教授对人工智能下了这样一个定义："人工智能是关于知识的学科——怎样表示知识以及怎样获得知识并使用知识的科学。"而美国麻省理工学院的温斯顿教授认为："人工智能就是研究如何使计算机去做过去只有人才能做的智能工作。"这些说法反映了人工智能学科的基本思想和基本内容。一般来说，人工智能是研究人类智能活动的规律，构造具有一定智能的人工系统，研究如何让计算机去完成以往需要人的智力才能胜任的工作，也就是研究如何应用计算机的软硬件来模拟人类某些智能行为的基本理论、方法和技术。

作为继互联网后新一代"通用目的技术"，人工智能的影响可能遍及整个经济社会，创造出众多新兴业态。国内外普遍认为，人工智能将对未来全球经济发展产生重要影响。一方面，人工智能将是未来经济增长的关键推动力。人工智能技术的应用将提升生产率，进而促进经济增长。许多商业研究机构对人工智能对经济的影响进行了预测，主要预测指标包括 GDP 增长率、市场规模、劳动生产率、行业增长率等。多数商业研究机构认为，总体上看，世界各国都将受益于人工智能，实现经济大幅增长。未来几年（至 2030 年），人工智能将助推全球生产总值增长 12% 左右。同时，人工智能将催生数个千亿美元甚至万亿美元规模的产业。

人工智能对全球经济的推动和牵引，可能呈现出三种形态和方式：其一，它创造了一种新的虚拟劳动力，能够解决需要适应性和敏捷性的复杂任务，即"智能自动化"；其二，人工智能可以对现有劳动力和实物资产进行有力的补充和提升，提升员工能力，提高资本效率；其三，人工智能的普及将推动多行业的相关创新，提高全要素生产率，开辟崭新的经济

增长空间。然而,人工智能代替劳动的速度、广度和深度将前所未有。许多经济学家认为,人工智能使机器开始具备人类大脑的功能,将以全新的方式代替人类劳动,冲击许多从前受技术进步影响较小的职业。但他们同时指出,新技术应用也存在社会、法律、经济等多方面的障碍,进展较为缓慢,新技术对劳动的代替难以很快实现;劳动者可以转换技术禀赋;新技术的需求还将创造新的工作岗位。

思考:人工智能将创造哪些新职业?哪些职业又会面临被代替的风险?人工智能会为企业的人力资源规划带来哪些机遇和挑战?为什么?

_____

_____

_____

_____

_____

方法学习

一、人力资源规划的预测内容

(一)需求预测

人力资源需求预测是指根据企业的发展规划和企业的内外条件,选择适当的预测技术,对人力资源需求的数量、质量和结构进行预测,即估计在未来一段时间企业经营所需要的人员数量和类型。

(二)供给预测

人力资源供给预测是指估计在未来一段时间企业内外部可获得的人员数量和类型。

二、人力资源规划的预测方法

企业开展人力资源规划的预测一般有两种方法,如表 2-2 所示。

表 2-2　人力资源规划预测方法

基本方法	具体类型	优缺点分析
定性预测法	经验预测法、现状预测法、描述法、专家预测法、德尔菲法等	可行性较好,依赖丰富的实践经验,将一些非计量因素考虑进去;往往需要凭借分析者的经验和直觉,精确度不够;有一定的主观随意性,分析结果很难统一解释
定量预测法	趋势预测法、比率预测法、劳动定额预测法、一元线性回归预测法等	对风险进行精确分析,分析结果很直观,容易理解;以可靠的数据为前提的,数据可靠性很难保证,获得更多数据需要更高的成本,且许多非计量因素无法考虑

（一）定性预测法

定性预测法是指依靠熟悉业务知识、具有丰富经验和综合分析能力的人员或专家，根据已经掌握的历史资料和直观材料，运用人的知识、经验和分析判断能力，对事物的未来发展趋势做出对应的分析，再通过一定的形式综合各方面的判断，得出统一的预测结论。

定性预测法一般有经验预测法、现状预测法、描述法、专家预测法、德尔菲法等，下面重点介绍德尔菲法。

德尔菲法是 20 世纪 40 年代末在美国兰德公司的"思想库"中发展出来的一种主观预测方法。德尔菲法具有以下特点：吸取众多专家的意见，避免了个人预测的片面性；采取匿名的方式进行，避免了从众行为；采取多轮预测的方式，准确性较高。

德尔菲法的实施步骤如下。

（1）整理相关的背景资料并设计调查的问卷，明确列出需要专家们回答的问题。

（2）将背景资料和问卷发给专家，由专家对这些问题进行判断和预测，并说明自己的理由。

（3）由中间人回收问卷，统计汇总专家们预测的结果和意见，将这些结果和意见反馈给专家们，进行第二轮预测。

（4）再由中间人回收问卷，将第二轮预测的结果和意见进行统计汇总，接着进行下一轮预测。

（5）经过多轮预测之后，当专家们的意见基本一致时就可以结束调查，将预测的结果用文字或图形加以表述。

采用德尔菲法时需要注意以下几个问题。

（1）专家人数一般不少于 30 人，问卷的回收率应不低于 60%，以保证调查的权威性和广泛性。

（2）提高问卷质量，问题应该符合预测的目的并且表达明确，保证专家都从同一个角度去理解问题，避免造成误解和歧义。

（3）要给专家提供充分的资料和信息，使他们能够进行判断和预测，同时结果不要求十分精确，专家们只要给出粗略的数字即可。

（4）要取得参与专家们的支持，确保他们能够认真进行每一次预测，同时也要向公司高层说明预测的意义和作用，取得高层的支持。

（二）定量预测法

定量预测法是指一种运用数学工具对人力资源配置的情况进行定量描述，以预测其发展趋势的方法。

定量预测法一般有趋势预测法、比率预测法、劳动定额预测法、一元线性回归预测法等，下面重点介绍趋势预测法。

趋势预测法是利用企业的历史资料，根据某些因素的变化趋势，预测相应的某段时期人力资源的需求。在使用趋势预测法时一般要假设其他的一切因素都保持不变或者变化的幅度保持一致，往往忽略了循环波动、季节波动和随机波动等因素，如散点图分

图2-3 人力资源规划
的基本流程

析法。

散点图分析法首先收集企业在过去几年内人员数量的数据,并根据这些数据制作散点图,把企业经济活动中某种变量与人数间的关系和变化趋势表示出来,如果两者之间存在相关关系,则可以根据企业未来业务活动量的估计值来预测相关的人员需求量。同时,可以用数学方法对其进行修正,使其成为一条平滑的曲线,从该曲线可以估计出未来的变化趋势。

在对人力资源需求和供给预测过程中不能只采用某一种方法,而应将多种方法结合起来使用,使预测更为精确,符合企业供求的实际。

三、人力资源规划的基本流程

人力资源规划的基本流程是指人力资源规划的过程,一般可分为以下几个步骤:人力资源规划环境分析、人力资源需求预测、人力资源供给预测、确定人员供需平衡政策、确定人力资源规划方案、编制人力资源规划书(实施人力资源规划、人力资源规划评估、人力资源规划反馈与修正),如图 2-3所示。

任务二 工作分析

理论学习

一、工作分析的基本概念

工作分析是指对企业中某个特定职务的设置目的、任务、职责、权力、隶属关系、工作条件、环境、任职资格等相关信息进行收集与分析,以对该职务的工作做出明确的规定,并确定完成该工作所需的行为、条件、人员的过程。

工作分析有以下基本作用:有助于形成人力资源需求和供给预测;有助于招聘录用、考核晋升、薪酬管理、改进工作设计和优化工作环境;有助于员工的职业生涯规划。

二、工作分析的基本内容

工作分析可以确定每项工作的几个重要方面的内容(6W1H):谁做(who)、做什么(what)、何时做(when)、在哪里做(where)、为什么做(why)、为谁做(whom)和如何做

（how）。

工作分析的直接成果是工作说明书。工作说明书是记录工作分析结果的文件，它把所分析岗位的职责、权限、工作内容、任职资格等信息以文字形式记录下来，以便人力资源管理的各环节使用。

总体来说，工作分析的基本内容包含以下三个部分：在何岗位（部门、业务、结构等）；干什么事（工作内容与岗位需求分析）；谁能任职（工作主体员工行为等）。工作说明书的组成部分包含基本资料、工作描述、任职资格和绩效考核，具体内容如表 2-3 所示。

表 2-3　工作说明书的组成部分

主要内容	基 本 构 成
基本资料	主要包括岗位名称、岗位等级、岗位编码、定员标准、直接上下级等
工作描述	主要包括岗位职责、监督关系、工作内容与要求、工作权限、劳动条件与环境、工作时间等
任职资格	主要包括资历、身体条件、心理品质要求、专业知识和技能要求等
绩效考核	主要包括品质特征、行为表现和绩效成果等

三、工作分析的信息来源

企业进行工作分析的信息来源如图 2-4 所示。

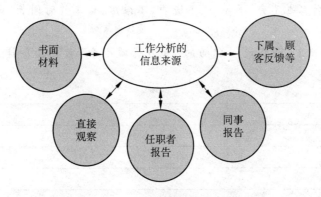

图 2-4　工作分析的信息来源

（一）书面材料

书面材料是指查阅、浏览对应的招聘广告，包含竞争对手、合作伙伴的信息材料等。

（二）直接观察

直接观察是指到现场观察对应岗位员工的日常工作表现，并记录对应的关键信息。

（三）任职者报告

任职者报告是要求对应岗位的员工围绕对应的工作职责、主要内容等方面做好日常工作记录，形成工作日志等。

（四）同事报告

同事报告是指要求对应岗位的同事围绕该岗位的合作意识、合作能力、工作内容等方面做好日常工作记录。

（五）下属反馈

下属反馈是指要求对应岗位的下属围绕该岗位的领导能力、公平意识、员工训练等方面给出对应的信息。

（六）顾客反馈

顾客反馈是指要求对应岗位所接受服务的顾客围绕该岗位的服务意识、服务能力、服务成果等方面给出对应的信息。

材料研讨

"职场小白"多用来形容新入职的员工，他们通常有以下特征：工作需要其他人指导，基本按照固定程序进行；只有在有工作上的交集时才会与人交流，而对于主动打招呼，主动与人沟通几乎不可能；具体项目与细节需要有人一步步地教。

"职场小白"分为两类：一类是学院派，专业知识过硬，却不懂人情世故，不懂变通，甚至不会将知识运用到实际工作中，空有专业知识却难以施展才华；另一类是在学校也没学会知识，初到职场什么也不会，不学习、不进步、不谦虚，嫌工作时间长、薪酬少，嫌老员工不照顾。

思考：在你心目中，刚刚进入职场的"人力资源小白"需要具备什么基本资质？为什么？

_____

_____

_____

_____

_____

方法学习

一、工作分析的方法

在工作分析的实际操作过程中，企业可以运用的具体方法如图 2-5 所示。

（一）工作日志法

工作日志法又称工作写实法，是指任职者按时间顺序，详细记录自己的工作内容与工作过程，然后经过归纳与分析，达到工作分析要求的一种方法。

（二）观察法

观察法是一种传统的工作分析方法，是指工作分析人员直接到工作现场，针对特定对象（一个或多个任职者）的作业活动进行观察，收集有关工作的内容、工作内容间的相互关系、人与工作的关系以及工作环境、条件等信息，并用文字或图表形式记录下来，然后进行分析与归纳总结的方法。

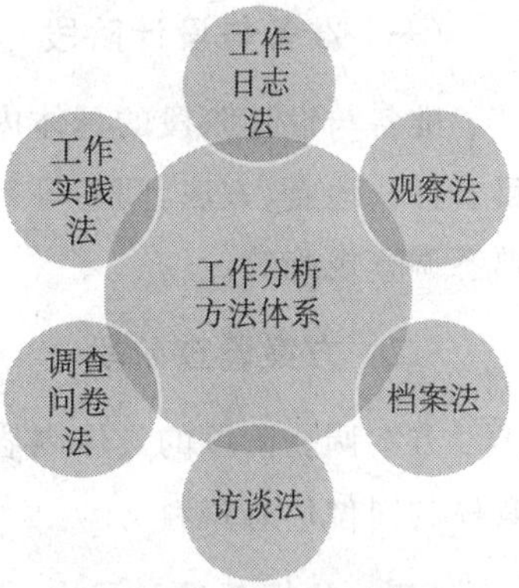

（三）档案法

档案法是指为了降低工作分析的成本，工作分析人员利用现有资料对每项工作的任务、责任、权利、工作负荷、任职资格等有一个大致的了解，为进一步调查、分析奠定良好基础的一种方法。

图 2-5　工作分析的方法

（四）访谈法

访谈法又称为面谈法，是一种应用十分广泛的工作分析方法。它是指工作分析人员就某一职务或者职位面对面地询问任职者、主管、专家等人对工作的意见和看法。在一般情况下，应用访谈法时可以运用标准化的访谈格式进行记录，以便于控制访谈内容及对同一职务不同任职者的回答进行比较。

（五）调查问卷法

调查问卷法是工作分析中十分常用的一种方法。它一般由有关人员事先设计出一套职务分析的问卷，再要求相应的员工来填写问卷，也可安排工作分析人员填写，最后将问卷加以归纳分析，做好详细记录，并据此进行工作职务和任职资格描述。

（六）工作实践法

工作实践法是指分析人员亲自从事所要分析的工作，并根据其所掌握的一手资料进行分析的方法。其优点是所获资料真实且有针对性，比较适用于短期内可以掌握的工作。

二、工作分析的程序

一般来说，工作分析的程序及内容如表 2-4 所示。

表 2-4　工作分析的程序及内容

程　序	内　容
准备与设计阶段	了解现状，设计岗位调查方案，向员工宣讲，进行工作分解，组织人员熟悉调查规则等
方案调查阶段	针对特定的项目运用不同的工作分析方法，收集具体的岗位信息资料等
分析总结阶段	针对具体岗位信息，通过分析、加工、处理，形成工作成果，撰写工作说明书等
运用与反馈阶段	将工作分析成果逐步应用到人力资源规划、招聘录用、考核晋升、薪酬管理、改进工作设计与优化工作环境等方面，并不断完善工作分析活动等

（一）准备与设计阶段

准备与设计阶段的具体内容包含：了解现状；设计岗位调查方案（目的、对象、单位、项目、时间、地点、方法、问卷等）；向员工宣讲（认同感）；进行工作分解（工作单元）；组织人员熟悉调查规则等。

（二）方案调查阶段

方案调查阶段的具体内容包含：运用不同的工作分析方法，针对岗位调查方案，收集具体的岗位信息资料。

（三）分析总结阶段

分析总结阶段的具体内容包含：通过分析、加工、处理，形成工作成果（任务结构、关系结构），并撰写工作说明书。

（四）运用与反馈阶段

运用与反馈阶段的具体内容包含：将工作分析成果逐步应用到人力资源规划、招聘录用、考核晋升、薪酬管理、改进工作设计与优化工作环境等方面，并不断完善工作分析活动。

一般来说，在设计工作说明书之前，招聘部门需要充分了解岗位职责和任职资格。岗位职责需要从企业的战略要点、关键任务、能力建设、服务支持等方面进行描述，岗位职责撰写示例如表2-5所示。对于中高端岗位，不要过分关注工作的细节，而应侧重该岗位对公司发展的价值和对企业生产经营活动的影响。

撰写岗位职责不要罗列太多内容，要清楚哪些条件是必备项，哪些条件是加分项，并在工作说明书中准确表述出来，如表2-6所示为岗位职责撰写标准句式。

表 2-5　岗位职责撰写示例

维 度	说 明	示 例
战略要点	岗位的总体工作目标	全面负责产品开发或交付过程中的项目管理，确保项目计划、质量目标、成本管控等能够实现
关键任务	岗位核心工作任务与主要活动	制订项目方案，并与研发部门对项目所需的资源进行协调
能力建设	人力资源管理与财务管理	负责项目的团队建设以及人员管理
服务支持	跨岗位/部门的服务支持	完成领导交办的事项

表 2-6　岗位职责撰写标准句式

句 式	示 例
角色＋工作职能	负责企业办公资产的盘点与统计
做什么＋需要达成的目标	指导企业各部门进行绩效目标的分解，确保绩效指标分解落实到位
依据＋做什么＋需要达成的目标	根据企业发展战略，组织制定营销策略，确保达成年度营销绩效目标

任务三　岗位胜任特征

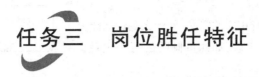

一、岗位胜任特征的基本概念

（一）岗位胜任特征

岗位胜任特征是指明确区分优秀绩效者与一般绩效者、可以进行准确测量的个体特征总和。这些特征一般包含动机、特质、自我概念、价值观、具体知识、技能、行为等。

岗位胜任特征与岗位工作绩效之间表现出三种关系：具有对应的深层特征（冰山理论）；能够引起优劣的因果关系（彼此之间建立联系）；可以选择相应的效标予以评价（构建优劣标准）。

冰山理论对应的岗位胜任特征解析如图 2-6 所示。

图 2-6　冰山理论模型

（1）基本知识：对某一职业领域有用信息的组织和利用。

（2）基本技能：将事情做好的能力。

（3）个人社会角色：一个人在他人面前想表现出的形象。

（4）自我概念：对自己身份的认识或知觉（如将自己视为有能力的人）。

（5）特质：身体特征及典型的行为方式，如善于倾听他人、谨慎、做事持之以恒等；

（6）动机：那些决定外显行为的自然而稳定的思想，如总想把自己的事情做好，总想控制影响别人，总想让别人理解接纳自己等。

冰山理论表明：看不见的深层特征是决定一个人行为表现的关键因素；而知识、技能等则是传统的人力资源管理最常见的考量之处。

（二）岗位胜任特征模型

岗位胜任特征模型是指担任某一特定任务角色所需具备的胜任特征的总和。岗位胜任特征模型一般表现为以下三个方面，如图 2-7 所示。

（1）明确胜任特征类型，即各种特征要素之间形成的特定结构。

（2）对具体特征进行相应的定义，如什么是计划能力。

（3）关注典型行为表现，如注重倾听的行为表现。

图 2-7　岗位胜任特征模型

二、岗位胜任特征的基本模式

一般来说，岗位胜任特征一般包含四种模式，如表 2-7 所示。

表 2-7　岗位胜任特征的对应模式

基本模式	特　点
岗位性胜任特征	简单模式，适用于简单的、初级工作岗位
功能性胜任特征	定位于职能部门，适用于专业性非常强的岗位
角色性胜任特征	定位于管理角色，适合于以团队为基础的工作组织设计
组织性胜任特征	高级模式，定位于企业系统，适用于企业所有人员

（一）岗位性胜任特征

岗位性胜任特征最简单、适应面最狭窄，一般适用于简单的、初级工作岗位。

（二）功能性胜任特征

功能性胜任特征定位于职能部门工作，一般适用于专业性非常强的岗位。

（三）角色性胜任特征

角色性胜任特征定位于管理角色，更适合于以团队为基础的组织核心特征设计。

（四）组织性胜任特征

组织性胜任特征定位于企业系统、从企业发展愿景和目标出发，一般适用于企业所有人员。

材料研讨

销售是创造并传送价值给顾客，经营顾客关系以便让组织与其利益关系人受益的一种组织功能与程序。通过介绍商品提供的利益，销售可以满足客户特定需求。销售人员是直接进行销售的人员，包括总经理、业务经理、市场经理、区域经理、业务代表等。销售人员作为企业员工中相对独立的一个群体，流动性大、难以监管与激励。这类群体有以下明显的特点。

1. 工作难以监督

一般来说，销售人员多独立开展销售工作，时间相对自由，单独行动多。管理人员无法全面监督销售人员的行为，销售人员的工作绩效在很大程度上取决于销售人员愿意怎样付出劳动和钻研销售，很难用硬性规定来约束销售人员的行为，使其全身心投入销售工作中，难以通过外在方式提高工作效率。

2. 工作业绩不稳定

销售人员的工作业绩受多方面因素的影响，如社会环境、流行趋势、季节变化、消费者心理、竞争对手策略等都会影响顾客的购买能力或购买需求，从而影响销售人员的工作业绩。从某种程度上说,销售人员的工作业绩难以控制,不确定性强。

3. 工作变动频繁

一方面,销售人员经常想通过"跳槽"改变自己的工作环境;另一方面,他们也试图通过不断的跳槽找到最适合自己的工作,从而使自己对未来的职业生涯有所规划。

思考:从岗位特征理论角度看,成功的销售人员一般具有哪些特征? 为什么?

_____

_____

_____

_____

_____

_____

方法学习

一、基于岗位胜任特征的招聘流程

以岗位胜任特征为基础,企业可以采用的招聘流程如图 2-8 所示。

图 2-8　企业基于岗位胜任特征的招聘流程

(一)构建岗位胜任特征模型

企业根据自身人力资源管理战略与目标任务实际要求,构建适合不同岗位的胜任特征模型。

(二)选择测评方法

企业结合自身的胜任特征模型和其文化导向,选择对应的测评方法。

(三)培训考评者

企业选择对应的考评者,并予以相关考核要求的系统培训。

(四)评估求职者

企业运用对应的指标对求职者进行考核评估,以体现岗位胜任特征要求。

(五)录用决策

企业结合测评结果对求职者的综合表现进行录用前的决策。

(六)工作任职考评

企业对被录用的新员工在具体工作岗位的各方面表现,结合岗位胜任特征内在要求进行绩效评价。

（七）完善招聘系统

企业对上述整个过程进行数据分析,结合岗位胜任特征模型、测评方法、考评者表现、录用员工的工作绩效等方面不断修改与完善自身的人力资源管理系统,进一步提高招聘系统的工作效能。

二、构建岗位胜任特征模型的方法

在构建岗位胜任特征模型的过程中,企业可以运用的具体方法如图2-9所示。

图 2-9　构建岗位胜任模型的方法

（一）行为事件访谈法

行为事件访谈法主要以目标岗位的任职者为访谈对象,通过对访谈对象的深入访谈,收集访谈对象在任职期间所做的成功和不成功的事件描述,挖掘影响目标岗位绩效的关键行为。然后对收集的具体事件和行为进行汇总、分析、编码,并在不同的被访谈群体(绩效优秀群体和绩效普通群体)之间进行对比,找出目标岗位的核心素质。

（二）专家小组讨论法

专家小组讨论法根据要求选择一定数量的专家,按照一定的方式组织专家会议,发挥专家的集体智慧,预测特定岗位对象的未来行为表现和绩效发展趋势及状况,以做出对应的判断。

（三）问卷调查法

问卷调查法十分常见,它是指调查者运用统一设计的岗位胜任特征问卷向被选取的调查对象了解情况或征询意见的调查方法。

（四）关键事件技术法

关键事件技术法是由上级主管记录员工平时工作中的关键事件:一种是做得特别好的事件,另一种是做得不好的事件。在预定的时间,通常是半年或一年之后,利用积累的记录,由主管与被测评者讨论相关事件,为测评工作提供依据。

（五）工作分析法

工作分析法是指为了系统全面地确认工作,并为管理活动提供各种有关工作的信息所进行的一系列的工作信息收集、分析和综合的方法。

（六）情景测试法

情景测试法是指通过设置一定的情景,要求被测评者扮演某一角色,并进入角色情景处理多种事务、多种问题。考评者通过对被测评者在模拟情景中所表现出来的行为进行观察和记录,以测评其素质与潜能,评判其是否能适应或胜任工作。

三、构建岗位胜任特征模型的关键点

构建岗位胜任特征需要抓住以下四个关键点。

（一）体现企业战略与文化导向

特定岗位的胜任特征模型一定要符合企业的战略发展目标,凸显对应的企业文化、核心价值观和用人理念。

（二）定义相关的绩效标准

针对具体岗位的胜任特征,企业需要构建相关的绩效考核标准,以体现岗位知识、技能、价值观等综合评价要求,更好地发挥标杆引领和激励强化作用。

（三）结合行业和企业实际

企业的岗位胜任特征模型,既要符合自身实际,又要具有行业特色,以更好地实现行业竞争发展目标。

（四）与其他人力资源管理活动匹配、协调

人力资源管理对实现企业战略、员工激励、客户服务、商业价值创造等目标发挥着日益重要的作用。在构建岗位胜任模型时,企业要注意人力资源管理各项职能活动之间的协调,最大化人才管理效能。

四、构建岗位胜任特征模型的步骤

（一）明确战略目标并确定绩效标准

绩效标准一般采用工作分析和专家小组讨论的办法来确定。通过采用工作分析的各种工具与方法明确工作的具体要求,提炼出鉴别工作优秀的员工与工作一般的员工的标准。专家小组讨论是由优秀的领导者、人力资源管理层和研究人员组成的专家小组,就此岗位的任务、责任和绩效标准以及期望表现的胜任特征行为和特点进行讨论,以得出最终的结论。

（二）选择样本予以分析

根据岗位要求,在从事该岗位工作的现有员工中,分别从绩效优秀和绩效普通的员工中随机抽取一定数量的员工进行调查。

（三）收集数据

可以采用行为事件访谈法、专家小组法、问卷调查法、全方位评价法、观察法等获取样本有关胜任特征的数据,但一般以行为事件访谈法为主。

（四）分析并构建模型

通过行为访谈报告提炼岗位胜任特征,对行为事件访谈报告进行内容分析,记录对应的数据,并根据统计指标进行比较,找出对应的共性与差异特征。在分析具体信息的基础上,企业最终建立岗位胜任特征模型。

（五）验证模型

验证模型可以采用回归法或其他相关的验证方法,采用已有的优秀与一般的有关标准或数据进行检验,也可以采用量表测试分析,关键在于企业选取什么样的绩效标准来验证。

（六）完善模型

随着企业战略目标、绩效考核标准、员工队伍构成等的变化，企业不断改进对应的胜任特征模型。

客户主管岗位胜任特征模型

客户主管的岗位胜任特征模型可以划分为三大模块：管理自我、管理他人、管理任务，包含六项胜任特征，如表 2-8 所示。客户主管岗位胜任特征示例如表 2-9 所示。

表 2-8　客户主管岗位胜任特征模型

模　块	胜任特征	维　度
管理自我	成就导向	自我愿景、勇于挑战、承受压力、追求卓越
	学习创新	学习意愿、学习策略、学以致用、创新意识
管理他人	团队管理	团队合作、下属培育、有效激励、塑造文化
	沟通协调	有效表达、用心倾听、积极反馈、冲突解决
管理任务	客户导向	服务意识、挖掘需求、有效响应、持续共赢
	计划管理	计划制订、时间管理、执行能力、结果导向

表 2-9　客户主管岗位胜任特征示例

计划管理

定义：能够迅速理解上级意图，形成目标，整合资源，制定具体的、可操作的行动方案，并监督计划实施的能力。

维度	优秀者的行为表现	合格者的行为表现	不足者的行为表现
结果导向	● 迅速确定并停止浪费资源或不能产生价值增值的努力，帮助员工调整他们的资源安排模式和工作方式，提高员工的产出投入比； ● 识别出取得了好的结果，而不只是投入了大量时间的人	● 关注员工目标的达成，总是督促员工投入更多的资源和精力，以达成目标； ● 鼓励自己和员工思考：是否全部的努力都能带来价值的增值	● 认为投入大量的时间和精力就是工作优秀的表现，总是忙碌碌地让自己处于高度饱和的工作状态，但是工作成效却不明显； ● 一味地督促员工要忙碌起来，更多关注员工是否在工作中投入了大量的时间和精力，没有与员工分析他们所投入的时间和精力的真正效果如何
计划制订	● 为长期的工作设定目的和目标，分成几个处理步骤，制定时间表，进行任务/人员分配； ● 预见将要出现的问题和障碍，定期根据目标来衡量绩效，或分阶段评估进展或成果	● 有制订年度、季度、月度工作计划的习惯； ● 对重要的工作或者新的工作总是事先计划，数项工作同时进行时，能统筹规划，合理安排	● 很少事先计划，即使有计划，也不周详；经常发生变化而又没有合理的解释，打击同事的积极性； ● 没有足够的耐心来确定目标和目的，列举种种难点

续表

维度	优秀者的行为表现	合格者的行为表现	不足者的行为表现
时间管理	● 有效区分紧急与重要的事项,进行时间投入产出的分析,有效设定优先顺序; ● 通过对时间的有效记录和统一安排来进行时间的有效管理,在会议中有效把握时间,并做好会议的记录和跟踪	● 懂得珍惜自己的时间和他人的时间; ● 习惯在工作中约定时限、目标	● 没有时间概念,没有计划或经常不按计划行事; ● 按事情的紧急性来安排工作顺序,无暇顾及重要的事项
执行能力	● 在计划实施过程中,进行适当监控和指导,对责任进行具体落实,对方案计划的执行效果进行跟踪、反馈和改进	● 重视可操作性,将笼统的甚至模糊的意向性目标,转化成具体可操作的方案	● 说空话,不行动,对工作没有具体的、可实操性的行动方案

学习自测

一、判断题(对的打√,错的打×,请将合适的答案填写在对应的位置)

1. 工作说明书包含工作描述和任职资格,它是招聘的重要依据。 ( )

2. 胜任特征模型是指担任某一特定的任务角色所需要具备的胜任特征的总和。 ( )

3. 作为最高级模型,角色性胜任特征模型更能满足企业总体战略发展需要。 ( )

4. 从岗位胜任特征角度看,强调企业文化管理与战略目标协同的招聘活动,更易于保证人、岗位、组织的匹配。 ( )

5. 在人力资源管理活动中,开展问卷调查时,设计问卷要以开放式问题为主、以封闭式问题为辅。 ( )

6. 冰山理论表明,冰山水面以下的部分才是深层的胜任特征,是决定人们行为及表现的关键因素。 ( )

7. 基于岗位胜任特征模型的招聘,依据企业工作说明书,能够保证人、岗位、组织相匹配。 ( )

8. 国家的有关法律、法规与政策是约束企业招聘和录用行为的重要因素,而对界定招聘对象则没有什么限制。 ( )

9. 技术进步会影响到招聘数量、求职者的素质、招聘职位的分布及其需求。 ( )

10. 研究表明,大数据有助于人才测评与决策的科学化,并通过技术投入也能很好做到保护应聘者的隐私。 ( )

二、单项选择题(请将合适的答案填写在对应的位置)

1. 工作分析的最终成果是(   )。

    A. 工作任务   B. 工作描述

    C. 工作说明书   D. 任职资格

2.（　　　）不属于人力资源需求预测的定量方法。

    A. 经验预测法   B. 趋势外推法

    C. 转换比率法   D. 回归分析法

3.（　　　）作为人力资源管理的一项基础性活动,其核心部分包括人力资源需求预测,人力资源供给预测及供需综合平衡三项工作。

    A. 人力资源规划   B. 人力资源补充计划

    C. 人员提升计划   D. 人力资源工资计划

4. 市场营销、研发等岗位往往可以归纳为（　　　）胜任特征模型。

    A. 岗位性   B. 角色性

    C. 功能性   D. 组织性

5.（　　　）胜任特征模型更适合以团队为基础的组织核心特征模型的设计。

    A. 岗位性   B. 角色性

    C. 功能性   D. 组织性

6.（　　　）法是指确定关键的工作任务以获得工作上的成功,该事件是使工作成功或失败的行为特征或事件。

    A. 行为事件访谈   B. 关键事件

    C. 问卷调查   D. 行为锚

7. 构建岗位胜任特征模型的过程包括:①明确绩效目标;②分析数据建立模型;③验证模型;④取样分析;⑤收集数据;⑥完善模型。排序正确的是（　　　）。

    A. ③②①④⑤⑥   B. ①②⑤④③⑥

    C. ①④⑤②③⑥   D. ①②④⑤③⑥

8. 以下描述不属于劳动力市场对招聘的影响的是（　　　）。

    A. 通货膨胀率   B. 市场的地理位置

    C. 市场的供求关系   D. 企业所属行业的发展性

9. 仓管员、客服人员等岗位往往可以归纳为（　　　）胜任特征模型。

    A. 岗位性   B. 角色性

    C. 功能性   D. 组织性

10. 以下项目中,属于胜任特征的深层特征的是（　　　）。

    A. 知识   B. 自我形象

    C. 行为方式   D. 操作技能

三、多项选择题（五个备选项中至少有两个符合题目要求,请将合适的答案填写在对应的位置）

1. 组织结构对组织行为具有长期性与关键性影响,它反映了（　　　）重要关系。

    A. 员工个人以及部门的任务安排   B. 正式的报告关系

    C. 组织的内部协调机制   D. 具体岗位的薪酬水平

    E. 法律、法规的约束

2. 若企业人力资源供不应求,可以采取的解决方法一般有(　　　)。

    A. 减少员工的工作时间

    B. 合并或关闭某些冗余机构

    C. 提高企业的资本有机构成

    D. 将符合条件的富余人员调往空缺岗位

    E. 制订聘用非全日制临时用工计划

3. 影响企业人力资源规划的人口环境因素有(　　　)。

    A. 人口的性别比例　　　　　　　　B. 劳动力的队伍结构

    C. 劳动力队伍的数量　　　　　　　D. 劳动力队伍的质量

    E. 社会或本地区的人口规模

4. 胜任特征的基本内容包含(　　　)。

    A. 深层次特征　　　　　　　　　　B. 区分优劣的因果关系

    C. 优劣标准的参考校标　　　　　　D. 专业知识背景

    E. 自我观念

5. 根据霍兰德的人职匹配理论,以下匹配相对合理的有(　　　)。

    A. 现实型与诗人　　　　　　　　　B. 调查型与工程师

    C. 传统型与秘书　　　　　　　　　D. 社会型与教师

    E. 管理型与推销员

实操训练

    某大学为推动学生管理模式创新,提升学生管理水平,将开展新的辅导员岗位绩效管理。因此,该校将对辅导员岗位的工作职责与任职条件开展调研,以形成新的辅导员工作说明书。请为该校设计一份辅导员岗位分析的工作方案。

学习评价

本项目学习任务综合评价

班　级			姓　名		学　号		
评价项目	评价标准			分值	自评	互评	师评	总评
知识回顾	理解对应知识体系			10				
新知识导入	掌握人力资源规划等对应的基础理论			15				
材料研讨	会运用素材、参与积极、认识深刻、见解独到等			25				
操作流程	掌握对应操作流程			20				
方法训练	熟练运用所学方法解决具体问题			20				
自测效果	学习成效符合测评要求			10				
合　计				100				

项目三

招聘需求与招聘准备

▣ 学习目标

了解招聘前期准备工作,理解招聘需求分析,掌握招聘标准;理解招聘计划的基本概念,掌握招聘计划的主要内容和基本程序。

▣ 素质目标

塑造正确的招聘价值观,培养计划和执行能力,培养品牌意识。

▣ 学习要点

招聘需求分析、招聘标准、招聘计划、招聘流程。

 情景 思考

在你看来,奶制品行业的人力资源经理制订招聘计划的难点是什么?为什么?

任务一　识别招聘需求

一、招聘准备工作

凡事预则立,不预则废。招聘准备工作非常重要,其具体内容如图 3-1 所示。

(一)界定招聘标准

界定招聘标准是保证招聘质量的重要前提。这需要招聘人员熟悉业务,注重将招聘标准与用人部门的业务需求相结合,了解用人部门的关键决策是如何制定的,分析如何才能使员工与企业及用人部门的目标一致,清楚如何降低达成目标过程中的人为风险。

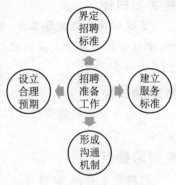

图 3-1　招聘准备工作

(二)建立服务标准

除招聘标准外,招聘人员还需要与用人部门在协作上达成共识。在提供招聘服务过程中,人力资源部门需要在招聘标准的建立、招聘团队的组建、候选人的面试甄选、新员工的入职和融入、招聘时间等方面与用人部门建立对应的服务标准,明确招聘服务质量考核指标,以更好地满足招聘岗位需求。

(三)形成沟通机制

要实现有效的招聘,用人部门必须参与整个招聘流程。针对招聘过程中的具体问题,招聘人员需要定期或不定期与用人部门进行沟通,确保招聘工作能够顺利进行。同时,招聘人员还需要定期向用人部门负责人汇报招聘进展,实现信息共享。

(四)设立合理预期

在招聘正式启动之前,招聘双方需要达成共识,明确彼此的预期:最终招聘的候选人为用人部门所用,人力资源部门和用人部门需要明确各自的分工。要实现有效的招聘,用人部门必须参与整个招聘流程,尤其在确定招聘需求、提供对应岗位的招聘要求、参与面试、录用决策等方面。同时,人力资源部门需要在招聘计划制订、招聘方案设计、招聘流程设计、整体招聘过程实施等方面,更好地发挥自身的专业价值。招聘双方围绕合理的预期目标,通过不断沟通和合作,不断提高招聘质量。

二、招聘需求分析

招聘需求分析是指企业在招聘员工时对所需要的人才类型的综合分析,是一项系统而专业的工作。接到招聘需求后,招聘部门首先应该了解用人部门提出招聘需求背后的诉求是什么;是为了解决业务上的哪些问题;若不招聘能否解决这些问题;有没有其他替代方案;若问题不解决对业务有何影响;如果用人部门必须招聘,则需要深入了解用人部门需要招聘多少人以及招聘何种特质的人。

材料研讨

人才画像是由艾伦·库伯(Alan Cooper)提出的"persona"概念衍生发展而来的,即"Persona is a concrete representation of target users"。意为"persona"是真实用户的虚拟代表,是建立在一系列真实数之上的目标用户模型。通过用户调研去了解用户,根据用户的目标、行为和观点的差异,将其分为不同类型,然后从每种类型中抽取出典型特征,赋予名字、照片、人口统计学要素、场景等描述,就形成了一个人物原型(persona)。

在人力资源管理中,为了精准定位需招聘人员的特性和特质,提高应聘人员合格率、招聘准确率并挖掘更多适宜的招聘渠道,人们依据"persona"提出了人才画像的概念。人才画像就是企业通过对内部一些优秀员工的岗位胜任特征及职务描述内容的数据加以提炼与分析,与企业内、外部岗位标杆人物特性和特质相对照,并结合企业自身特殊要求等,对所需招聘的目标人才进行准确的特质和特征勾画,其目的在于让企业管理者及招聘人员对所需招聘的目标人才有最直观、最精准的认知与判断,并精准选择和挖掘适宜的招聘渠道。

思考:请运用人才画像给你心目中的"大学好室友"进行画像,并给出你的理由。

_____

_____

_____

_____

_____

方法学习

一、设计招聘需求调查表

本着高质量招聘的基本原则,人才要满足行业经验、技术能力、知识结构、个性素质、特别要求等方面的需求,并完成人与岗位的匹配、人与团队的匹配、人与组织的匹配。在正式招聘之前,招聘人员应该先和用人部门负责人沟通,了解招聘需求,达成招聘共识。招聘需求调查表如表 3-1 所示。

表 3-1 招聘需求调查表

岗 位 背 景		
岗位名称	招聘人数	工作地点
岗位层级(入门/高阶)	所属部门	直接上级
为什么要招聘这个岗位?(替换/新增/补缺)		
其他注意事项		
岗位职责/所需技能		
招聘岗位的核心职责(列举 3~5 项)		
候选人到岗后 3 个月内要完成哪些事项为合格?		
招聘岗位必须具备的核心技能或要求(列举 3~5 项)		
如果具备哪些能力会更好?		
岗位的学历要求		
岗位工作经验要求		
岗位的专业要求		
岗位的从业经历或项目经验的要求		
是否一定要具备同行业经验?		
岗位寻访标准		
更倾向选择哪些公司出来的候选人?		
更倾向选择哪些学校毕业的候选人?		
更倾向选择什么职级的候选人?		
能否接受候选人是应届毕业生或实习生?		
团队中同岗位目前表现优异的同事有哪些?		
要与团队完美协作,候选人需具备的个性特征有哪些?		
所能提供的薪酬福利		
薪酬区间		
奖金		
期权		
提炼岗位的吸引人之处		
候选人为什么会对这个岗位感兴趣?		
该岗位未来的职业发展通道/晋升空间如何?		
面 试 流 程		
如何规划该岗位的面试流程?		
一定要参与面试的面试官有哪些?		
招聘时间线与协作		
该岗位的紧急程度(1~5,分数越高越紧急)		
理想的入职日期		
期望最快什么时候能看到简历?		
如果招聘有进展,期望通过何种方式告知?(电邮、电话等等)		
推荐简历最快什么时候可以进行筛选反馈,并安排面试?		
面试完成后最快什么时候可以进行面试反馈?		
如果在现有的条件下找不到合适的人选,有什么建议?		

招聘人员与用人部门负责人沟通时,首先要了解对方到底想要什么样的人才,还需要考虑企业文化和核心价值观——这些要素将决定候选人能否被公司选中,并产生价值。

招聘人员可用的招聘需求分析表如表3-2所示。

表3-2 招聘需求分析表

项 目	当下	未来	趋势与风险
招聘需求类型			
岗位绩效要求			
工作关系网和岗位核心度			
工作量、编制和预算			
胜任特征模型			

填表说明:逐一了解岗位相关信息,对招聘需求进行甄别分析。

① 招聘需求类型:从当下维度看,该岗位是增编、替换还是补缺;从未来维度看,该岗位是临时岗位还是长期岗位;从趋势与风险维度看,该岗位的稳定性如何,预期离职率如何。

② 岗位绩效要求:从当下维度看,该岗位过去有哪些绩效考核标准,新增了哪些指标;从未来维度看,该岗位需要达到什么绩效标准,核心指标如何调整;从趋势与风险维度看,该岗位绩效数据在人才市场上的变化规律如何,如果新招聘的人员绩效低于预期该如何处理。

③ 工作关系网和岗位核心度:从当下维度看,该岗位的上下级和团队如何构成;从未来维度看,该岗位所属部门的梯队建设规划如何,配置会如何变更;从趋势与风险维度看,该岗位核心职能是否有变化,其他岗位如何共担风险。

④ 工作量、编制和预算:从当下维度看,要追求尽可能少的编制和更高的人才质量;从未来维度看,该岗位要考虑短中长期编制的持续及临时的增编;从趋势与风险维度看,要考虑满足短期的用人需求过后编制该如何优化。

⑤ 胜任特征模型:考虑当下、未来、趋势与风险等维度下对岗位胜任特征的要求。

如果面对多个招聘需求,还需要进一步利用表3-3进行优先级评估。

表3-3 招聘需求优先级评估表

编号	岗位名称	所属部门	所属模块	变动类型	变动说明	工作说明书	岗位用途	岗位价值评分	同岗位人员数	工作饱和度	职责清晰度	影响程度	配置等级	建议配置渠道

填表说明:本表适用于面对多个招聘任务时,评估不同的岗位价值,辨别对应岗位的重要性,对招聘任务绩效优先级排序。

① 变动类型:本岗位是计划内的招聘需求,还是新增的招聘需求。

② 变动说明:岗位空缺是人员离职、突然新增的岗位还是业务方向调整导致的人员缺少。

③ 工作说明书:是否已提交相关部门审阅。

④ 岗位用途:该岗位是目前业务发展需要还是能力建设需要,或是为了完善职能。

⑤ 岗位价值评分:对岗位的重要性进行打分。

⑥ 同岗位人员数:目前该岗位配置的人员有多少。

⑦ 工作饱和度:目前该岗位工作是否饱和,评估有无必要新增人员。

⑧ 职责清晰度:是否与其他岗位的工作职责有重叠?评估能否通过内部调整解决岗位空缺。

⑨ 影响程度:岗位空缺对公司业务的影响是短期还是长期,评估岗位配置的必要性。

⑩ 配置等级:综合前几项,对岗位重要性进行评级。A为最优先考虑,以此类推。

⑪ 建议配置渠道:根据岗位配置等级,采用不同的招聘策略。

二、明确招聘标准

经过上述协调与沟通后,招聘部门明确了要招聘的岗位名称及人员编制,需要逐步确定对应岗位的招聘标准。要确定科学的招聘标准,通常要对岗位的工作内容进行分析,工作分析表如表 3-4 所示。

表 3-4　工作分析表

岗位名称	所属部门	直接上级	对内工作协调		对外工作协调		职业发展通道		
工作职责									
工作目的									
工作内容	专业知识	专业技能	工作标准	工作权限	使用工具	发生频率	工作地点	所需时间	总时间

填表说明:将岗位的工作职责按照工作流程分解为一个个子任务,通过对完成这些子任务的专业知识、专业技能、工作标准、工作权限等内容进行分析,全面了解岗位的工作职责和所需的能力与素质。

① 对内工作协调:明确该岗位需要和哪些部门进行沟通与协调。

② 对外工作协调:明确该岗位需要和哪些外部组织进行沟通与协调。

③ 职业发展通道:明确该岗位未来的职业发展如何。

④ 工作职责:明确该工作的具体内容是什么,如组织、参与、监督、审核、批准、分析、改善等工作事项。

⑤ 工作目标:以结果为导向,突出该岗位对公司的贡献。

⑥ 工作内容:明确要履行工作职责、达成工作目标,该岗位具体需要做哪些事情。可根据核心工作流程对工作内容进行分解。

⑦ 专业知识:明确完成该工作需要具备哪些专业知识。

⑧ 专业技能:明确完成该工作需要具备哪些专业技能。

⑨ 工作标准:明确这项工作需要达到什么效果,如及时性、准确性等。

⑩ 工作权限:明确处理这项工作所拥有的权限,如建议权、审核权、复核权、审批权、否决权、监督权、执行权等。

⑪ 使用工具:为完成这项工作需要使用的必备工具,如计算机、办公软件、电话、各种表格等。

⑫ 发生频率:明确该项工作是例行工作还是周、月、季度性工作或临时性工作。

⑬ 工作地点:明确这项工作需要在哪里执行。

⑭ 所需时间:明确完成这项工作需要花费多长时间。

⑮ 总时间:明确完成这项工作合计需要花费多长时间。

工作分析的结果通常会以工作说明书的形式呈现,以便为后续招聘工作提供明确的参考标准,如表 3-5 所示。

表 3-5　工作说明书

岗位名称		制定人	
所属部门		审核人	
职等职级		核准人	
职位目的			
直接上级		直接下属	

工 作 职 责

主要考核指标

任 职 资 格

要素	任职要求	重要性(1~4 分)
专业知识		
学历要求		
工作经验		
能力要求		
素质要求		
特别要求		

工作依据相关文件

填表说明:工作说明书一般包含以下信息。
① 基本信息:岗位名称、所属部门、职等职级、直接上下级等。
② 职位目的:为什么设置该职位。
③ 工作职责:岗位需要完成哪些工作。
④ 主要考核指标:岗位工作需要达到什么目标。
⑤ 任职资格:胜任岗位需要的知识、技能和素质等。

任务二 制订招聘计划

一、招聘计划的基本概念

招聘计划是指招聘部门根据用人部门的人员补充申请,结合企业的人力资源规划和工作说明书,明确一定时期内需要招聘的职位、人员数量、资质要求等因素,并制定招聘活动的具体执行方案。

招聘计划是招聘管理活动的重要基础工作,其设计和实施质量对招募、甄选、录用、评价等环节具有举足轻重的影响。

二、招聘计划的基本内容

招聘计划是企业关于招聘活动的系统性安排。为了顺利实现自身的招聘目标,企业制订一份合适的招聘计划一般需要考虑以下内容。

(一)招聘规模

企业的招聘规模即一次招聘活动能够吸引多少求职者,不仅需要考虑初期甄选阶段的规模,还需要考虑招募甄选各阶段对应的人员筛选比例(参考"招聘金字塔"),直至最终录用的人员数量。

(二)招聘地点

招聘地点由企业的人才供给市场决定。企业要结合自身的战略目标、市场环境和对招聘岗位人员素质要求进行综合评价,最终选择适当的人才招聘渠道。

(三)招聘时间

招聘时间一方面取决于企业的招聘流程,另一方面取决于招聘岗位所处的层次和对应的招聘要求。招聘时间主要包括招聘信息发布的时间、各阶段考核的时间、招聘的截止日期、新员工的上岗时间。需要制定招聘工作时间表,要尽可能详细,以便于各部门相互配合。

(四)招聘信息发布范围

企业依据自身的战略重点和生产经营目标,针对特定的招聘对象,通过适合的信息发布渠道传递有效的招聘信息,吸引合适的求职者。可列出招聘广告的样稿,明确投放对象。

(五)招聘标准

招聘标准是招聘计划的核心内容。为了提高招聘质量,企业在确定不同岗位的招聘标准时,需要深入分析用人部门的岗位需求,既要考虑必备条件,也要明确择优条件。应列出招聘需求清单,如招聘的职务名称、人数、任职资格等内容。

(六)招聘实施细则

明确招聘实施过程中的各项细节,包括招聘小组人选,如人员姓名、职务、各自的职责;应聘者的考核方案,如考核场所、大体时间、考核内容、题目设计者姓名等。

(七)招聘预算

招聘部门在确认招聘需求的前提下,需要分析招聘方案和招聘渠道,计算招聘的各项投入及附加费用。一般来说,招聘预算分为直接费用与间接费用,具体包含人工费用、业务费用、资料费用、广告费用、人才交流会费用等。

♻ 材料研讨

PDCA循环是美国质量管理专家沃特·阿曼德·休哈特(Walter A. Shewhart)首先提出的,由著名的质量管理专家爱德华兹·戴明(W. Edwards. Deming)采纳、宣传,获得普及,又称戴明环。

PDCA循环的含义是将质量管理分为四个阶段,即plan(计划)、do(执行)、check(检查)和act(处理)。在质量管理活动中,要求对各项工作依次做出计划、实施计划、检查实施效果,并将成功的纳入标准,不成功的留待下一循环去解决。这一工作方法是质量管理的基本方法,也是企业管理各项工作的一般规律。

PDCA循环的具体程序如下。

(1) plan(计划),包括方针和目标的确定,以及活动计划的制订,可利用5W2H分析。

(2) do(执行),根据已知的信息,设计具体的方法、方案和布局;再根据设计和布局,进行具体运作,实现计划中的内容。

(3) check(检查),总结执行计划的结果,明确效果,找出问题。

(4) act(处理),对总结检查的结果进行处理,对成功的经验加以肯定,并予以标准化;对失败的教训也要总结,引起重视。对没有解决的问题,应提交下一个PDCA循环解决。

以上程序不是运行一次就结束,而是周而复始地进行。一个循环结束了,解决一些问题,未解决的问题进入下一个循环。

思考:在招聘管理过程中,招聘负责人如何运用好PDCA循环?请结合招募、甄选、录用等环节逐一举例说明。

一、5W2H 分析法

5W2H 分析法又称七问分析法,5W2H 分析法的发明者用五个以 W 开头的英语单词和两个以 H 开头的英语单词进行设问,从而可以发现解决问题的线索,寻找发明创造的思路。5W2H 法具体包括以下内容。

(1) why:为什么要做? 可不可以不做?

(2) what:这是什么? 其目的是什么?

(3) who:由谁来做?

(4) when:何时? 在什么时间做? 什么时机最适宜?

(5) where:何地? 在什么地方做?

(6) how:怎么做? 怎么提高效率? 怎么实施? 方法是什么?

(7) how much:做多少? 做到什么程度? 数量如何? 质量水平如何?

5W2H 分析法简单、方便、易于理解、富有启发意义,广泛用于企业管理和技术活动。招聘部门在制订招聘计划时,5W2H 分析法对招聘决策、执行措施和最后评估非常有帮助,也有助于弥补考虑问题的疏漏。

二、编制招聘计划表

招聘计划的直接成果是招聘计划表,其中年度计划编制—缺岗总表、年度招聘计划表、年度招聘预算表如表 3-6~表 3-8 所示。

表 3-6   年度计划编制—缺岗总表

部门	岗位编制	在岗人数	流动预测	缺岗人数
合计				

三、招聘计划编制步骤

为提高招聘效率,企业编制招聘计划的步骤如下。

(一)获取用人部门的人员需求信息

明确人员需求信息,包括企业在职人员离职产生的空缺、部门负责人递交的招聘申请,并经相关领导批准。

表 3-7　年度招聘计划表

部门	岗位	需求量	需求时间													渠道选择						启动时间
																普通渠道		特殊渠道		专有/定制渠道		
			1月	2月	3月	4月	5月	6月	7月	8月	9月	10月	11月	12月	内推	网络招聘	全国性猎头	本地猎头	校招	校企合作	
合计																						

表 3-8　年度招聘预算表

类别	项目	招聘预算													备注
		1月	2月	3月	4月	5月	6月	7月	8月	9月	10月	11月	12月	合计	
渠道购买															
第三方代理															
招聘会															
校园招聘															
校企合作															
人才测评															
其他费用															
合计															

（二）选择招聘信息发布方式

明确企业招聘信息的发布时间和选择的发布渠道。

（三）确定招聘小组

根据招聘合作与分工的原则,构建结构合理、素质优良的招聘团队。

（四）确定选拔考核方案

根据招聘岗位的工作任务和素质条件,结合求职者自身实际,围绕招聘流程要求,选择科学有效的招聘测评方法与工具。

（五）明确招聘预算

明确招聘各环节对应的各项费用,形成最终的招聘预算。

（六）编写招聘工作时间表

测算各项招聘任务对应的具体时间,进一步体现在具体的招聘流程中。

（七）编制招聘广告

针对招聘渠道、招聘对象和内外部资源,编制对应岗位的招聘广告,做好信息发布等各项工作。

按照具体的构成,以上各环节可以统分为三个阶段:首先是调研分析阶段,此阶段的主要工作包含设计调查方案、运用对应的调查方法、进行信息处理等,具体工作表现为梳理组织状况和人力资源状况,并对两者进行比较分析;其次是预测阶段,企业结合组织内、外部的信息,开展人才需求的预测工作;最后是决策阶段,这是核心环节,开展的主要工作包含明确招聘岗位、对应的需求量、招聘的具体要求、信息发布渠道、招聘实施及评估等。

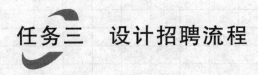

任务三　设计招聘流程

📮 理论学习

一、设计招聘流程的基本目的

（一）规范招聘行为

招聘不仅是人力资源部门的工作,还涉及用人部门、各个层级管理者。人力资源部门设计招聘流程,能够使招聘工作程序化、规范化,以便协调工作,防止出现差错。

（二）提高招聘质量

在招聘活动中,既要考核候选人的专业知识、岗位技能等,又要考核其职业道德、工作态度等。设计招聘流程可以让招聘工作更科学合理,从而有效提高招聘效率和质量,有助于控制招聘成本。

(三)展示企业形象

招聘遵循双向选择的原则,招聘也是求职者对企业进一步了解的过程。对求职者而言,企业的招聘活动本身就代表着企业形象。企业招聘活动严密、科学而富有效率,会让求职者对企业产生好感。

二、设计招聘流程的基本要点

(一)灵活

设计招聘流程应该因岗而异,不能因部门而异,更不能没有差异。

(二)分工

在招聘前期已经明确用人标准的基础上,招聘部门要重视评价候选人的匹配性和真实性,用人部门则要把握好候选人的专业性。

(三)高效

高效要求招聘活动缩短沟通与反馈时间,避免不确定性,保证招聘质量。一方面,招聘中清晰的分工必然提高招聘效率;另一方面,必须减少冗余流程。

🔰 材料研讨

流程再造是一种企业活动,是重新且彻底地分析与设计企业程序,并管理相关的企业变革,以追求绩效,使企业达到长期成长的目标。流程再造的重点在于选定对企业经营极为重要的几项企业程序加以重新规划,以求提高经营效果,其目的在成本、品质、对外服务和时效上达到重大改进。

流程再造的核心是顾客满意度的业务流程,核心思想是要打破企业按职能设置部门的管理方式,代之以业务流程为中心,重新设计企业管理过程,从整体上确认企业的作业流程,追求全局最优,而不是个别最优。

思考: 在招聘流程再造过程中,如何体现内、外部的顾客服务视角,以提高招聘工作绩效?为什么?

方法学习

设计招聘流程的步骤

一般来说,设计招聘流程主要包含以下步骤。

（一）分析组织现状

这一步骤的主要内容包括分析组织结构、职务设置、职务权限和未来业务发展等。

（二）梳理人力资源管理各项制度与工作流程

这一步骤的主要内容包括对人力资源管理政策、各项制度和具体的工作流程进行梳理,与企业战略发展目标一一对照分析。

（三）总结现有招聘程序,明确招聘各环节的决策人

这一步骤的主要内容包括深入分析企业现有的招聘程序,发现存在的问题,并明确招聘初试、复试决策人和录用决策人。

（四）分析各岗位的任职资格

这一步骤的主要工作内容包括针对企业设置的内部各岗位,分析对应的知识、技能、经验、素质等任职资格和条件。

（五）起草招聘流程初稿

这一步骤的主要工作内容包括将上述内容归纳、整理,结合企业经营战略和岗位招聘目标,起草招聘流程初稿。

（六）征求建议和意见

这一步骤的主要工作内容包括为提高招聘流程的设计质量,与相关人员讨论初稿,从不同角度,运用有效的方式征求建议和意见,不断改进初稿。

（七）确定招聘流程试行稿

这一步骤的主要工作内容包括整理上述材料,按照初期设计目标确定招聘流程试行稿。

（八）公布招聘流程试行稿

这一步骤的主要工作内容包括运用特定的方式公布招聘流程试行稿,在内部做好招聘流程试行稿的准备工作。

（九）执行招聘流程试行稿

这一步骤的具体内容包括在对应的招聘活动中执行招聘流程试行稿,并根据实际情况进行修改。

（十）修改完善并正式执行企业招聘流程

这一步骤的主要工作内容包括试行期结束后,在前期试错的基础上,进一步修改完善试行稿,正式确定并执行新的企业招聘流程,推动招聘工作高质量发展。

学习自测

一、判断题(对的打√,错的打×,请将合适的答案填写在对应的位置)

1. 产品差别化战略是指企业努力使自己的产品区别于竞争对手的产品,保持独特性以获得长期竞争优势。　　　　　　　　　　　　　　　　　　　　　　　　　　　(　　)

2. 低成本导向的人力资源战略强调有效率的生产、明确的工作说明书、详尽的工作规则,而不鼓励创新性。　　　　　　　　　　　　　　　　　　　　　　　　　　　(　　)

3. 招聘计划应由用人部门制订,由人力资源部门对其进行审核,签署意见后交上级主管审批。　　　　　　　　　　　　　　　　　　　　　　　　　　　　　　　　(　　)

4. 招聘资格要求的必备条件是指对候选人最低限度的资格要求,不能依靠学习新的技能或从其他途径获得帮助加以弥补。　　　　　　　　　　　　　　　　　　　　(　　)

5. 招聘过程中的类比效应常常关注和寻找与前任者拥有相似个性与能力的人,进行一种简单的类比,而不是根据该职位的工作要求去衡量与挑选。　　　　　　　　　(　　)

6. 衰退期的企业对人才要求高,强调综合能力素质,尤其是创新意识、执行力和明确的职业发展方向。　　　　　　　　　　　　　　　　　　　　　　　　　　　　(　　)

7. 企业在人员选聘时,给应聘者以真实、准确、完善的有关职位的信息,明确告知组织的发展战略与经营目标,有助于提高招聘的有效性。　　　　　　　　　　　　　(　　)

8. 将不同气质的招聘者组合在一起,可以消除招聘工作中由于某一气质员工的心理偏差或成见而造成的失误。　　　　　　　　　　　　　　　　　　　　　　　　(　　)

9. 与经济契约不同的是,心理契约强调个人与组织的关系而不是交换。　(　　)

10. 研究表明,在各种面试评估方法中,结构化面试是最可信的。　　　(　　)

二、单项选择题(请将合适的答案填写在对应的位置)

1. 企业集中精力针对某一较小的细分市场进行生产经营,努力使自己在这一市场中保持专业化,弥补他人产品的不足,这种战略被称为(　　　)。

A. 成本领先战略　　　　　　　　　B. 差异化战略

C. 市场集中战略　　　　　　　　　D. 市场收缩战略

2. 招聘计划的核心环节是(　　　)。

A. 环境分析　　　　　　　　　　　B. 市场调研

C. 预测　　　　　　　　　　　　　D. 决策

3. 在招聘方案的主要内容中,对招聘质量有根本影响的是(　　　)。

A. 招聘经费　　　　　　　　　　　B. 招聘标准

C. 招聘时间　　　　　　　　　　　D. 招聘渠道

4. 处于创业期的企业,最可能运用的招聘策略是(　　　)。

A. 对外部人才需求非常突出,招聘人员数量非常多

B. 吸引人才的主要手段是丰厚的薪酬

C. 多采用朋友介绍、网络招聘与参加招聘会等

D. 甄选更多依赖专业化的人力资源部

5. 按照（　　）的不同划分，人力资源战略可分为诱引战略、投资战略与参与战略。

    A. 吸引员工策略   B. 企业变革程度

    C. 人力资源管理的眼光长短   D. 企业文化理念

6. 企业实施组织结构变革时，为保证改革的顺利进行，事先采取的措施不包括（　　）。

    A. 给员工增加福利津贴

    B. 让员工参与组织变革的调查、诊断和计划

    C. 大力推行与组织变革相适应的人员培训计划

    D. 大胆起用年富力强和具有开拓创新精神的人才

7. 按照地理范围与雇员群体划分的劳动力市场比较，企业在招聘生产一线员工时，一般在（　　）市场上的可能性很大。

    A. 地方   B. 区域

    C. 全国   D. 国际

8. 以下说法中，属于企业战略层面的招聘战略的是（　　）。

    A. 制订招聘计划   B. 招聘面试流程

    C. 人员招募技术   D. 人员甄选方法

9. 以下说法中，属于差异化战略的措施是（　　）。

    A. 不鼓励创新   B. 以团队为基础的薪酬

    C. 明确的工作说明书   D. 详尽的工作规则

10. 著名学者（　　）指出，企业竞争战略有成本领先战略、差异化战略与专门化战略。

    A. 法约尔   B. 西蒙

    C. 波特   D. 德鲁克

三、多项选择题（五个备选项中至少有两个符合题目要求，请将合适的答案填写在对应的位置）

1. 运用差异化战略的企业可以采取的人力资源管理战略一般有（　　）。

    A. 明确的工作说明书   B. 强调与工作相关的培训

    C. 以团队为基础的训练   D. 强调以个人为基础的薪酬

    E. 工作类别广

2. 关于企业竞争战略对招聘的影响，合理的说法有（　　）。

    A. 低成本战略在招聘工作中非常注重招聘效率

    B. 低成本战略尽可能保留现有的人才以减少招聘成本

    C. 差异化战略注重以高薪吸引领域中的高端人才

    D. 差异化战略注重对关键员工的保留

    E. 多样化战略注重为新业务筹备合适的人

3. 属于企业开展人力资源规划的外部环境的是（　　）。

    A. 组织环境   B. 科技环境

    C. 人口环境   D. 经济环境

E. 法律环境

4. 影响企业战略招聘活动的经济环境因素包括（　　　）。

A. 经济形势　　　　　　　　　B. 人口总量

C. 科技水平　　　　　　　　　D. 物价指数

E. 户籍制度

5. 企业在衰退时选择的招聘策略，合理的有（　　　）。

A. 发展机会多，强调综合能力培养

B. 招聘费用充裕

C. 吸引人才的手段主要依靠利益分享机制

D. 对外部人才招聘集中在高层

E. 以猎头为主要招聘渠道

实操训练

某电商平台企业正处于成长期，业务红红火火，人才供不应求。为解决人才发展的各种问题，企业总经理找到人力资源部经理，要求其总结这几年的招聘经验，并为 2023 年的招聘工作设计一份招聘计划书。作为人力资源部经理，请根据实际要求，设计一份合适的招聘计划书。

学习评价

本项目学习任务综合评价表

班 级		姓 名		学 号			
评价项目	评 价 标 准		分值	自评	互评	师评	总评
知识回顾	理解对应知识体系		10				
新知识导入	掌握招聘需求分析等对应的基础理论		15				
材料研讨	会运用素材、参与积极、认识深刻、见解独到等		25				
操作流程	掌握对应操作流程		20				
方法训练	熟练运用所学方法解决具体问题		20				
自测效果	学习成效符合测评要求		10				
合 计			100				

组建招聘团队

■ 学习目标

理解招聘团队的基本概念；掌握招聘团队的人员组成与分工要求；了解招聘团队的组建原则；掌握招聘成员的素质要求；掌握招聘团队管理的要点；了解团队招聘应避免的误区。

■ 素质目标

培养大局观念、爱岗敬业精神，形成利他的思维方式，学会团队合作。

■ 学习要点

招聘团队人员构成；组建原则与素质要求；管理要点；避免误区。

 情景 思考

作为某大学的学生会招新负责人，你会如何组建招聘团队？为什么？

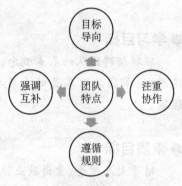

任务一　熟悉招聘团队构成

理论学习

一、招聘团队的概念及特点

招聘团队是指通过完成一系列任务实现特定招聘目标的团队。招聘团队一般表现出如图 4-1 所示的基本特点。

（1）目标导向：以实现特定的招聘目标为导向。

（2）注重协作：以招聘团队成员之间协作为基础。

（3）遵循规则：需要遵循共同的操作规范、流程和方法。

（4）强调互补：招聘团队成员在知识、技能、性格等方面形成互补。

图 4-1　招聘团队的基本特点

二、招聘团队的成员组成与分工

一般来说，招聘团队应由人力资源部门和用人部门选派的成员组成，一些企业的招聘团队成员可能还包含总经理、董事会代表、工会代表、人力资源管理专家、客户等，不同企业的运作模式各有特色。

从人力资源部门和用人部门（业务单位）的分工与合作角度看，合理的招聘团队成员组成与分工如表 4-1 所示。

表 4-1　招聘团队成员组成与分工

成员组成	人力资源部门	用人部门
分工	规划招聘过程	辨认招聘需求
	实施招聘过程	传达招聘需求
	评价招聘过程	参与招聘过程

（一）人力资源部门

人力资源部门扮演着服务者的角色，侧重于招聘计划和程序设计等工作，其主要工作包括以下内容。

（1）规划招聘方案，主要工作包含招聘渠道选择、招聘广告刊登等。

（2）实施招聘过程，主要工作包含简历初步甄选、面试组织、背景调查、发放录用通知书等。

（3）评估招聘活动，主要工作包含进行定性和定量评价、总结今后招聘管理需要改进之处等。

（二）用人部门

用人部门负责提出用人需求，处于招聘合作者的重要地位，侧重于围绕招聘标准进行招聘甄选等工作，其主要工作包括以下内容。

（1）辨析招聘需求，主要工作包含所在部门的人力资源现状分析、提出对应的用人需求等。

（2）传达招聘需求，主要工作包含招聘具体岗位的招聘申请、招聘岗位的要求说明等。

（3）参与招聘过程，主要工作包含参与初选、面试和候选人确定等环节，进行录用决策。

三、招聘团队基本素质要求

招聘团队需要具有良好的个人品质，如热情、公正等；相应的能力，如表达、自我认知等。

材料研讨

深圳某高新技术企业是国内新材料行业著名制造商之一，凭借领先的技术和专业的服务水平，在业界迅速崛起，旗下产品得到国内多家知名企业的认可与使用，发展形势良好。现根据业务发展和市场开拓需要，该企业的浙江分公司需要招聘一名销售经理。

经过前期准备，浙江分公司人力资源部门通过网络筛选了 4 名候选人，通过电话沟通的方式，初步确认 3 人有意向。经过人力资源部门、区域销售经理面试后，人力资源部门推荐了 A 先生，区域销售经理推荐了 C 先生。人力资源部门认为，C 先生的薪资要求很高，稳定性差，目前企业的平台不适合。而区域销售经理则认为，C 先生富有挑战精神，销售能力强，且客户资源丰富。双方各执一词，无法达成一致意见。如果再拖下去，又要重新开始招聘，可市场开拓却等不及……

思考：要找到一名合适的候选人，需要提前做好哪些沟通？为什么？

_____

_____

_____

_____

_____

方法学习

招聘团队成员所需的相关技术

招聘团队成员所需的相关技术如图 4-2 所示。

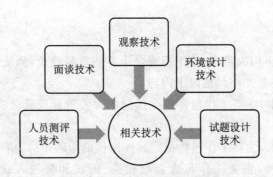

图 4-2 招聘团队成员所需的相关技术

（一）人员测评技术

招聘团队成员要能够对候选人的个人特质进行测评,如候选人的人格、兴趣等,确认其是否符合招聘要求。

（二）面谈技术

招聘团队成员应具有一定的面对面交流的能力,如了解面谈对象、擅长倾听、注重反馈等。

（三）观察技术

招聘团队成员应能够通过观察他人获得相关信息,如察言观色、做好观察记录、解析候选人行为等。

（四）环境设计技术

招聘团队成员应对招聘环境进行合理设计与规划,如使招聘的房间具有合适的光线、温度、空间布置等。

（五）试题设计技术

招聘团队成员应能设计用于招聘的测试题目,如大纲设计、试题设计、结构分析、题目试测、修改完善和结果运用等。

任务二 招聘团队组建原则与要点

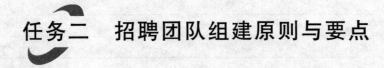

组建科学高效的招聘团队需要遵循的原则如图 4-3 所示。

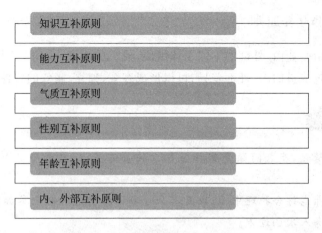

图 4-3 招聘团队的组建原则

一、知识互补原则

招聘团队成员的不同知识结构互为补充,取长补短。因为具有不同知识结构的成员考虑问题的思维方法不同,容易引起思维的碰撞,从而形成招聘的最佳方案。

二、能力互补原则

在一个招聘团队中,有的人懂生产经营,有的人懂市场销售,有的人适合从事管理沟通,有的人适合从事心理分析工作。成员各种不同能力互补,将使招聘系统能够更有效地运行。

三、气质互补原则

在一个招聘团队中,应有稳重踏实的成员,也应有敢闯敢冲的成员;需要温和、善于协调的成员,也需要刚强、视野开阔的成员。在招聘团队成员气质互补的情况下,招聘决策将更符合实际,招聘目标更易实现。

四、性别互补原则

不同的性别有不同的长处,如女性成员心思细腻,更易换位思考;男性成员表达直接,更具有宏观视角。不同性别的招聘团队成员处理不同的任务,可以更好地发挥性别优势。

五、年龄互补原则

招聘团队成员的年龄差别可能会带来知识、经验、精力、处理问题的方式、社会关系等方面的差异。老年人经验丰富、性格稳重;中年人年富力强,处理问题果断,反应速度快;青年人富有朝气,敢于开拓。招聘团队成员之间年龄互补,有助于提高招聘质量。

六、内、外部互补原则

招聘团队若由企业内、外部的不同个体组成,成员的立场、视角、观点会存在不同的特质。招聘团队通过成员的内、外部差异,可以形成客观、独立、高效的整体优势。

材料研讨

随着人口老龄化,养老问题受到社会各方的普遍关注,康养服务行业人才面临巨大缺口。

在南京市某养老综合护理中心,每天有 200 多位社区老人前来参加各种服务和活动,运营 4 年累计服务人次已过万。

"我在南京中医药大学学习了中医护理知识后,就和团队的小伙伴一起创业,打开了康养服务这扇'新世界的大门'。"该养老综合护理中心中医诊所所长说。中心每天会组织员工上门为老人提供居家日常服务,组织评估员上门探望老人并对其进行健康能力、心理状况、养老环境等方面的评估,同时组织医护人员上门为有慢性病的老人进行身体状况监测,为失能和半失能老人进行护理等。

来自某职业技术学院的一名老年人服务与管理专业应届毕业生,因为看到康养服务行业已由"冷门专业"变成了"朝阳产业",毅然选择对口专业就业,目前是该养老综合护理中心的一名实习生。"当前康养人才社会需求旺盛,具备专业的医学、心理学、生理学、社会学等知识的专业性人才很抢手,想从社会招聘比较难。"该养老综合护理中心社区事业部总监说。目前,该中心已与内蒙古等地多家高校联合培养老年人健康与管理专业人才,破解行业用人荒。

思考:作为该养老综合护理中心的人力资源部门负责人,你会看重康养服务行业招聘团队的哪些素养?你们又会如何甄别应届毕业生?为什么?

_____

_____

_____

_____

_____

_____

方法学习

一、招聘团队管理要点

对于企业来说,想要打造一个高效稳定的招聘团队,可以从以下几个方面入手。

（一）把好招聘关

企业一旦启动招聘，作为第一个和候选人联系的人，招聘人员的一言一行将代表着企业的形象。职业化、有亲和力的招聘人员，能够无形地增加候选人对企业的好感。企业要按照能力素质模型和任职资格标准来选择招聘团队成员，宁缺毋滥。

（二）做好业务培训

在加入招聘团队之前，成员可能来自不同的行业和组织，知识、技能等水平也可能参差不齐。企业需要对他们进行详细的培训，包括企业文化、企业战略、组织架构、专业知识、岗位职责、薪酬体系、招聘流程、面试规则等内容，使他们尽快进入角色。除此之外，还要定期对招聘人员进行招聘技能培训，让招聘人员的职业技能不断提升。

（三）明确岗位职责

作为企业的一个重要职能机构，人力资源部门一定要有明确的组织结构，各个岗位职责一定要清晰。本着互助合作的原则，招聘专员、招聘主管、招聘经理和招聘总监要各司其职，不能缺位，更不能越位。同时，在具体招聘过程中，人力资源部门和用人部门在组建招聘团队时，也要明晰不同成员在招聘活动中的工作职责。

（四）实行业绩考核

业绩考核是招聘团队管理中一项非常重要的工作。通过业绩考核，能够将招聘目标分解到每一个招聘成员，从而实现阶段性的招聘目标；通过业绩考核，能够对招聘成员进行区分，留下最适合的成员；通过业绩考核，能够让招聘成员发现自己的短板，对其加强指导和训练，予以改进；通过业绩考核，可以评估招聘团队和不同成员所创造的价值，从而提升整体招聘质量。

（五）注重有效激励

招聘成员的薪资结构可以按照"基本工资＋绩效工资＋奖金"构成。例如，基本工资与招聘成员的级别、资历挂钩，绩效工资与绩效目标的完成情况挂钩，奖金与超额完成任务有关。另外，企业还应运用参与不同的招聘项目、轮岗、多元化的福利等方式有效激励招聘团队成员，以促进招聘团队成员的成长和发展。

（六）构建晋升通道

在企业竞争战略和外部经营环境的不断影响下，招聘团队成员也是一个流动性比较大的群体。如果没有好的晋升通道，是很难留住人的。从招聘助理→招聘专员→招聘主管→招聘经理→招聘总监，要有相应的职级标准和薪酬福利待遇，每年都要有若干次绩效考核，让招聘团队成员看到努力的方向和希望，不断提升整个招聘团队的管理水平。

二、招聘团队应避免的误区

在人力资源管理实际工作中，招聘团队应该避免的误区如下。

（一）缺乏招聘标准

在面对岗位招聘需求时，企业为了更快地招募相应的人选，想要尽快解决人员短缺的问题,就会仓促提出模糊的招聘需求,这往往导致缺乏科学的招聘标准。缺乏招聘标准,将严重影响招聘的效率和质量,甚至有损企业声誉。

(二)类比效应

类比效应是指招聘成员在面试过程中,往往习惯性地把候选人与自己曾经交往过的人做简单的类比和评价。这类人如果给自己留下好的印象,则易给高分;相反,则有可能根据以往的经历,对该应聘者做出负面的评价。在人才甄选测评的面试过程中,类比效应会不同程度地存在,招聘成员应努力排除这种不良心理倾向的影响。

(三)晕轮效应

晕轮效应又称光环效应,是指招聘成员根据对候选人的第一印象,判断对方的言行举止。如果第一印象好,就会从积极的角度解释对方的行为,将其他优点一并加在对方身上;如果第一印象不好,则从消极的角度判断对方的行为,甚至对其吹毛求疵。一般来说,招聘成员通过第一印象来判断候选人,结果可能不完全正确,甚至会导致整体判断的失误。

(四)过于看重履历

在招聘时,企业往往将过往履历视为非常重要的要求,甚至出现"一刀切"的现象,尤其是"唯学历论",这严重影响了招聘活动的效果。候选人的履历与岗位所需能力不能简单地"画等号",尤其在当前信息技术快速发展的背景下,候选人的学习能力和适应能力应该更重要。

(五)过严或过宽的招聘要求

企业对于具体岗位的招聘要求没有进行准确的分析,招聘条件的尺度存在一定偏差,提出过严或过宽的招聘条件,将导致用人需求和岗位的实际需要存在严重脱节的现象。

(六)非结构化面试

非结构化面试是指招聘成员在提问候选人时带有非常强的随机性,设计的面试题也没有章法,招聘成员评价依据更多的是面试时的感觉。用这种方式去面试候选人,候选人会认为面试不正规,也意味着企业管理水平不高,对人才的吸引力也会大打折扣。

(七)片面依赖背景调查

就发展阶段来说,目前人才市场还不够规范,员工的职业化水平还有待提高,背景调查作为招聘过程中的一个重要组成部分,无论怎么重视都不为过。但是,企业也要警惕背景调查渠道的有效性、证明人的可信度和调查信息的准确性等,如果操作不当,会偏离岗位需求的根本标准。

学习自测

一、判断题(对的打√,错的打×,请将合适的答案填写在对应的位置)

1. 良好的组织形象是企业吸引人才的重要形式。 (   )

2. 在候选人其他方面都相当的情况下,择优条件可以帮助组织比较候选人的相对优劣。　　　　　　　　　　　　　　　　　　　　　　　　　　　　（　　）

3. 光环效应是指招聘者根据对求职者的第一印象,判断对方的言行举止。　（　　）

4. 招聘团队通过不同的个体间取长补短,因此形成客观、独立、高效的整体优势。
　　　　　　　　　　　　　　　　　　　　　　　　　　　　　　　　（　　）

5. 一些组织中,有些优秀人才尽管也认同公司文化,但最后还是流失了,究其原因是人才的个性特点与所在团队结构的兼容性太小。　　　　　　　　　　　（　　）

6. 招聘员工是讲究实用性还是为后续发展储备人才,不同的用人目的要有不同的招聘策略。　　　　　　　　　　　　　　　　　　　　　　　　　　　　（　　）

7. 企业对任意的个体加以训练,就可以组建招聘团队。　　　　　　　　（　　）

8. 用人部门负责提出用人需求,处于招聘合作者的重要地位,侧重于围绕招聘标准进行招聘甄选等工作。　　　　　　　　　　　　　　　　　　　　　　　（　　）

9. 核心型人力资源强调以工作为核心,以团队为基础设计工作,倡导授权。（　　）

10. 结构化面试是指面试官在提问应聘者时带有非常强的随机性。　　　　（　　）

二、单项选择题（请将合适的答案填写在对应的位置）

1. 用人部门在参与招聘过程中的基本职责不包含（　　　）。

　　A. 传达公司与岗位信息　　　　　　　B. 参与面试与候选人的确定

　　C. 参与应聘者的初选　　　　　　　　D. 发放录用通知书

2. 招聘团队对于招聘计划的处理方式,合理的是（　　　）。

　　A. 由人力资源部门制订,需要报批

　　B. 由用人部门制订,直接报批

　　C. 由用人部门制订,由人力资源部门复核、负责报批

　　D. 调研是招聘计划的核心

3. 无论是实行内部招聘还是外部招聘,都需要同组织外部与组织内部发生关系,因此招聘者需要具备良好的（　　　）能力。

　　A. 应变　　　　　　　　　　　　　　B. 观察

　　C. 沟通协调　　　　　　　　　　　　D. 创新

4. 人力资源部门在参与招聘过程中的基本职责包含（　　　）。

　　A. 辨析招聘需求　　　　　　　　　　B. 传达招聘需求

　　C. 参与招聘过程　　　　　　　　　　D. 设计合适的招聘渠道

5. 在组织与其员工之间存在一种非正式且十分重要的契约,即（　　　）。

　　A. 集体合同　　　　　　　　　　　　B. 用工合同

　　C. 劳动合同　　　　　　　　　　　　D. 心理契约

6. 招聘出现误差的根本原因在于（　　　）。

　　A. 缺乏招聘标准　　　　　　　　　　B. 晕轮效应

　　C. 类比效应　　　　　　　　　　　　D. 非结构化面试

7. 不同性别的招聘团队成员有不同的长处,如女性成员心思细腻,更易换位思考;男性成员表达直接,更具有宏观视角。这是指招聘团队组建的(　　　)。

  A. 能力互补   B. 知识互补

  C. 性别互补   D. 年龄互补

8.(　　　)是指招聘团队成员在面试过程中,往往习惯性地把候选人与自己曾经交往过的人做简单的类比和评价。

  A. 类比效应   B. 光环效应

  C. 晕轮效应   D. 他人在场效应

9. 在招聘管理活动中,(　　　)需要确定招聘方案,并负责招聘计划的实施。

  A. 人力资源部门   B. 行政部

  C. 财务部   D. 用人部门

三、多项选择题(五个备选项中至少有两个符合题目要求,请将合适的答案填写在对应的位置)

1. 招聘工作可谓复杂又关键,这需要招聘者具备的基本能力有(　　　)。

  A. 表达能力   B. 观察能力

  C. 自我认知能力   D. 不断完善自身的能力

  E. 协调能力

2. 关于招聘管理中的组织分工,描述合理的有(　　　)。

  A. 人力资源部门负责招聘过程的规划

  B. 用人部门负责辨认招聘需求

  C. 人力资源部门负责招聘的全过程

  D. 用人部门不需要参与具体的招聘过程

  E. 人力资源部门负责评估招聘过程

3. 招聘者需要避免的招聘误区一般是指(　　　)。

  A. 类比效应   B. 非结构化面试

  C. 片面相信背景调查   D. 缺乏客观的评价标准

  E. 刻板印象

4. 组建招聘团队的基本原则包含(　　　)。

  A. 能力互补   B. 知识互补

  C. 性别互补   D. 年龄互补

  E. 经验互补

5. 招聘团队选择招聘渠道的内部影响因素包括(　　　)。

  A. 职位的性质   B. 企业经营战略与发展阶段

  C. 企业形象   D. 企业招聘政策与用人理念

  E. 招聘成本

实操训练

　　某连锁经营企业正处于迅速发展阶段,而人才管理却严重滞后于企业发展。现该企业找到一家管理咨询公司,想借以建立良好的人才管理支持体系。作为该方案的招聘项目负责人,请你设计一份适合双方持续合作的招聘团队组建方案。

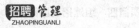

学习评价

本项目学习任务综合评价表

班　级		姓　名		学　号		
评价项目	评价标准	分值	自评	互评	师评	总评
知识回顾	理解对应知识体系	10				
新知识导入	掌握招聘团队等对应的基础理论	15				
材料研讨	会运用素材、参与积极、认识深刻、见解独到等	25				
操作流程	掌握对应操作流程	20				
方法训练	熟练运用所学方法解决具体问题	20				
自测效果	学习成效符合测评要求	10				
合　　计		100				

选择招聘渠道

▪ 学习目标

　　理解招聘渠道的基本概念；掌握招聘渠道的不同类型；了解招聘渠道的优缺点；掌握招聘广告的写作技巧。

▪ 素质目标

　　培养战略眼光，形成分析问题和解决问题的能力，培养信息意识、沟通意识和成本管控意识等。

▪ 学习要点

　　内部招聘、外部招聘和招聘广告。

情景 思考

　　我们常常能在微信朋友圈看到一些企业发布内部员工推荐的招聘信息，并有优厚的"员工推荐奖"。对此你怎么看？为什么？

任务一 熟悉招聘渠道及其类型

一、招聘渠道的含义及特征

招聘渠道是指特定的组织通过发布招聘信息以吸引合适的求职者,开展初期筛选、素质测评、选拔录用等活动,并传播企业形象,从而获取合适人才的渠道。

一个好的招聘渠道应该具备如图 5-1 所示的基本特征。

(1)目的性,即所选招聘渠道能够达到招聘的目标。

图 5-1 招聘渠道的基本特征

(2)经济性,即所选渠道招聘合适人员的成本经济合理、趋于最少。

(3)可行性,即所选招聘渠道符合现实情况,具有可操作性。

二、内部招聘

内部招聘是指企业将空缺职位向内部员工公布并鼓励员工竞争上岗,即侧重于从企业内部寻找合适的人才。

对企业来说,内部招聘有助于增强员工的流动性,同时由于员工可以通过竞聘得到晋升或者换岗,也是一种有效的激励手段,可以提高员工的满意度,留住人才。

(一)优缺点分析

内部招聘具有如图 5-2 所示的优缺点。

(二)具体形式

企业可以运用的内部招聘的具体形式如图 5-3 所示。

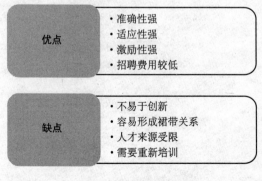

图 5-2 内部招聘的优缺点

图 5-3 内部招聘的具体形式

1. 公开招募

公开招募是指企业向内部的员工公开宣布招聘计划,提供公平竞争的机会,最终择优录用合格候选人的过程。这种方式有利于激发员工积极性与创造性,鼓励公平竞争。但这种形式难以做到绝对公平,操作不当时,容易引发争议。

2. 内部晋升

内部晋升是指企业按照规范的流程,将符合条件的员工从现有岗位晋升到更高层次岗位的过程。这种形式有利于激励员工,产生示范效应,增强员工对企业的忠诚度。

3. 熟人推荐

企业可以通过部门管理者推荐本部门人员应聘或担任相应的职务,这种招聘方式最大的优点是管理者和应聘者双方掌握的信息较为对称。但在具体操作时,企业要注意公正公平,操作不当会形成裙带关系。

4. 岗位轮换

岗位轮换是企业根据自身发展战略,安排员工轮换担任若干种不同岗位的工作,从而达到开发员工多种能力、进行在职训练、促进人才内部流动、提高换位思考能力、培养复合型人才的目的,对于企业的长远发展和员工的学习成长都有非常好的效果。

5. 重新雇用

重新雇用是指企业召回以前的雇员,即曾与企业建立正式劳动关系且办理完离职手续的人员,重新申请入职本企业相关职位。

三、外部招聘

外部招聘是指通过外部渠道推广企业的招聘信息,以吸引众多人才,即侧重于从企业外部寻找合适的人才。

(一)优缺点分析

外部招聘具有如图 5-4 所示的优缺点。

(二)具体形式

企业可以运用的外部招聘的具体形式如图 5-5 所示。

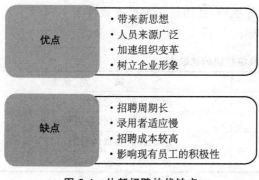

图 5-4　外部招聘的优缺点

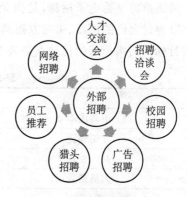

图 5-5　外部招聘的具体形式

1. 人才交流会招聘

人才交流会一般是由政府的人才交流机构(人才市场、人才中心或人力资源市场)或具有人才中介服务资质的机构所组织的用人单位和求职者进行面对面洽谈的招聘形式。每个人才交流机构都会定期或不定期地举办区域性的人才交流会,一般适用于面向社会大众的、普通岗位的人才招聘。

2. 招聘洽谈会招聘

招聘洽谈会是指具有招聘需求的企业与应聘者通过面对面的沟通和交流进行双向选择的招聘会,一般适用于普通岗位的人才招聘。这种形式越来越细分化,如家政服务招聘专场洽谈会。

3. 校园招聘

校园招聘是一种特殊的外部招聘形式,是指企业直接到大中专等学校招聘各类、各层次的应届毕业生,也指企业通过其他方式向学生发布信息,招聘各类、各层次应届毕业生,一般适用于初级岗位的招聘。

4. 广告招聘

广告招聘是企业从外部招聘人员的常用形式,进行广告招聘要注意两方面的因素:一是广告媒体选择,二是广告设计。企业可以选择的广告媒体有很多,如报纸、网络或宣传资料等。广告设计应力求达到四条要求:吸引注意,激发兴趣,创造愿望,促使行动。

5. 猎头招聘

猎头是指物色人才的人,能帮助企业从外部找到需要的人才,又称高级人才寻访。"头"指智慧、才能集中之所在,"猎头"也可指猎夺人才,即发现、追踪、评价、甄选和提供高级人才的行为。

6. 员工推荐

企业可以让员工推荐其亲戚、朋友来应聘本企业的岗位,这种招聘形式最大的优点是企业和应聘者双方掌握的信息较为对称。推荐人会将应聘者真实的情况介绍给企业,节省了企业对应聘者进行考察的成本,应聘者也可以通过推荐人了解企业内部各方面的情况,从而做出理性选择。

7. 网络招聘

网络招聘又称电子招聘,是指企业运用信息通信技术手段完成招聘任务的过程。企业可以通过自己的网站、第三方招聘网站等机构,使用简历数据库或搜索引擎等工具实现招聘目标。网络招聘的优缺点如表5-1所示。

表 5-1 网络招聘的优缺点

优　点	缺　点
招聘成本低	网络具有不稳定性
方便快捷	面对海量信息,处理难度大
互动性强	求职者信息真伪难辨
人员覆盖面广	涉及隐私保护

材料研讨

作为人力资源管理的核心内容之一,企业的招聘活动会对自身发展产生直接影响,企业需要通过有效的招聘手段,招纳更多优秀的人才为企业所用,以顺利实现各项经营目标。研究发现,如果能够做到招聘活动自始至终与企业文化内容相符,便可以使新员工在短时间内融入集体生活,能够与其他成员合作为企业服务,企业内部人际关系氛围将更为和谐,团队合作质量也更加理想。企业应认识到企业文化对招聘的重要作用,要坚定以企业文化为导向的人才招聘任用机制,确保人才价值观能够与企业核心价值观保持一致,以对员工潜在能力进行深度挖掘,进而为企业运营带来更多生机与活力。

事实上,企业文化与招聘活动具有相辅相成的关系。企业会按照自身文化特点,确定人才招聘方式、考核标准以及考核内容,对招聘对象产生直接影响;招聘活动是企业进行文化整合的有效手段,企业可以通过调整招聘策略等方式,对文化内容进行整合,确保文化内容能够在应聘者以及企业内部进行有效渗透,为企业发展带来深远影响。

思考:什么文化的企业更注重内部招聘? 为什么?

方法学习

一、内部招聘的实施

成功的内部招聘一般具备两大特征:其一是为企业的空缺岗位谋求到合适、满意的人选;其二是通过本次内部招聘,能够有效激励员工,提高员工的工作积极性。要使内部招聘具备这两大特征,需要依照如图 5-6 所示的实施方法。

二、外部招聘的实施

这里介绍经常采用的校园招聘、猎头招聘和网络招聘的实施策略。

(一)校园招聘的实施

校园招聘的方式一般有三种:企业直接派出招聘人员到合作院校公开招聘;企业有针对性地邀请部分学生在毕业之前(大约前半年的时间)到企业实习,先接触企业的部分工作,企业的主管对其具体表现进行考察,进一步了解学生的能力和素质,两者双向选择;由企业和大中专院校按照合作协议联合培养对应的人才。

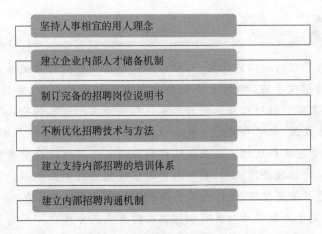

坚持人事相宜的用人理念

建立企业内部人才储备机制

制订完备的招聘岗位说明书

不断优化招聘技术与方法

建立支持内部招聘的培训体系

建立内部招聘沟通机制

图 5-6　内部招聘的实施方法

要提高校园招聘的质量,校园招聘应按如表 5-2 所示的流程实施。

表 5-2　校园招聘的流程

步　　骤	工 作 内 容
前期准备	招聘材料打印、招聘区域选择等
发布招聘信息	选择合适的平台
准备面试题	组建专家命题、试测等
与合作院校联系	明确招聘时间与地点
提前在校园展示	突出重点,吸引更多优秀毕业生到现场
现场演示	介绍企业概况、招聘要求与薪资待遇等
接收简历或填写申请表	收集求职者信息
初步筛选	对简历等进行筛选并组织面试
进一步了解求职者	向有关相关部门和教师了解求职者的在校表现
初步决策	结合招聘要求和求职者整体表现决定录用与否

(二)猎头招聘的实施

猎头可以为企业制订招聘计划,让企业与人才更好更快地相互匹配。在具体实施过程中,需要采取以下措施。

1. 与猎头进行面谈沟通

企业委托猎头寻访人才,不能仅仅通过线上交流达成交易。如果没有面对面的交流,双方很难深入地了解彼此。为此,企业和猎头至少要在面对面的情况下进行沟通,才能够判断对方是否值得合作。企业只有见面与对方接洽,才能判断准备合作的猎头是否可靠。

2. 详细清楚地界定企业的岗位需求

对企业来说,要委托猎头找到合适的人才,就必须让对方清楚地了解自己的需求。所以,企业需要详细并清楚地向猎头表达岗位需求,以及对高级人才的具体要求,这样才能

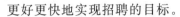

更好更快地实现招聘的目标。

3. 拟定好招聘委托协议

企业委托猎头招聘人才,双方都需要负责任地设计并编辑好招聘委托协议,详细地注明企业自身应该享有的权益和猎头应该履行的义务。拟定招聘委托协议时,尤其要注意避免一些模糊不清的表达和一些具有双关语义的词语,尽可能使委托书简明、全面和易于理解,从而保障双方合作的权益,提高人才招聘的质量。

（三）网络招聘的实施

网络招聘的重点在于招聘平台的选择。网络招聘细分渠道众多,招聘人员在选择时,要选"对"的,不选"贵"的。网络招聘平台选择如表 5-3 所示。

表 5-3　网络招聘平台选择

招聘要求	平台选择
面向全国的人才招募	全国性平台,如智联招聘
面向区域的人才招募	地区性平台,如地方论坛或人才网
面向特定行业的专业人才招募	行业性平台,如汽车人才网

实战范本

招聘委托协议

编号：

委托方：×××有限公司（以下简称甲方）

代理方：×××公司猎头部（以下简称乙方）

甲乙双方根据《××人才交流条例》及有关法规、政策,就甲方委托乙方提供人才,并协助招聘人员事宜,达成如下一致意见。

一、甲方委托乙方提供猎头服务时,须提供营业执照复印件,提供真实的企业的经济性质、经营范围、规模大小、发展前景等情况,以便乙方正确理解委托招聘岗位的要求和客观负责地向候选人介绍甲方情况。

甲方应向乙方书面提供所委托招聘职位的详细岗位描述和任职条件,包括聘用岗位名称、工作目标及职责、所处层级、汇报对象、专业背景、能力要求、技术职称、行业经验、资历、薪酬待遇等,并填写好由乙方提供的委托招聘岗位说明书。

二、本协议签订后,甲方须向乙方支付本协议规定推荐服务费的 20% 作为寻访委托金,随后乙方按甲方要求提供猎聘人员资料。如甲方需对提供人员进行面试,则乙方负责安排面试时间、地点,并做好通知;若甲方最终未录用乙方推荐的人选,则此部分寻访委托金不再退还给甲方;若甲方录用了乙方推荐的人选,则此寻访委托金抵进甲方应支付的猎头服务费中。

三、甲方在对乙方提供人员进行面试后的两个星期内应明确通知乙方是否录用相关人员。逾期,乙方将视甲方为自动放弃。

四、在甲方明确表示雇用乙方所提供的人员(以该名人员报到日期为准)一周内,甲方应向乙方另行支付本协议规定推荐服务费的余额部分。

若被录用人员上班未满一个月,且事实证明已离开甲方,乙方必须在接到甲方书面通知起两周内,退还甲方50%的协议金额;若乙方推荐人员在甲方上班超过一个月而未满三个月离开甲方,乙方必须在接到甲方书面通知起两周内,退还甲方20%的协议金额。

五、如乙方所提供人员被甲方录用,甲方须向乙方支付推荐服务费,甲方所需人员及成功推荐服务费如下。

1. 委托招聘的岗位名称及人数:(;   )

2. 转正工资水平(薪金/年):(   ) (RMB)

3. 成功推荐服务费:年薪×(   )%(月薪为正式录用后的基本工资+每月固定奖金+补贴+提成;年薪为月薪×12计算;若有股权或期权方案,双方再协商折算为薪金的比例)。

六、双方以公开、公正、守信、诚意为原则,共同遵守和实施以上招聘事宜。甲方必须通过乙方录用乙方提供的人员,未经乙方同意,甲方不得在乙方不知情的情况下私下与被推荐人员联系或达成有损乙方利益的约定,经发现作违约处理。

七、凡乙方推荐的人员(按约定已向乙方支付全额推荐费用的人员除外),自推荐之日起一年内,甲方不得以任何理由私自录用。

八、乙方对违反本协议的任何行为保留一切法律行为的权利,若发现,甲方除必须全额补偿乙方上述应付金额外,乙方有权要求甲方在发现违约之日起两星期内,再行支付乙方所推荐人员六个月工资(不足贰万元以贰万元计)作为违约金。

同时,乙方承诺在乙方所推荐的甲方员工受聘于甲方工作期间,乙方不会向任何客户推荐该名甲方员工以收取推荐服务费,否则视为违约行为。乙方除因此必须全额退还甲方已支付的招聘服务费外,甲方有权要求乙方在发现违约之日起两星期内,再行支付甲方乙方所推荐的该名甲方员工的六个月工资(不足贰万元以贰万元计)作为违约金。

九、附则

1. 本协议未尽事项,双方协商解决。

2. 双方在履行本协议时,如发生争议,通过协商解决;通过协商不能解决的,通过仲裁机关仲裁,直至付诸法律手段,双方同意指定××区人民法院管辖。

3. 本协议一式两份,甲乙双方各执一份,自双方签字盖章后生效。

甲方:×××有限公司　　　　　　乙方:×××公司猎头部

甲方签名:　　　　　　　　　　　乙方签名:

盖章:　　　　　　　　　　　　　盖章:

日期:　　年　月　　　　　　　　日期:　　年　月　日

任务二　发布招聘广告

招聘广告主要是指用人单位公布招聘信息的广告,目的是为应聘者提供求职信息。招聘广告的质量直接影响应聘者的素质和企业的形象。

一、招聘广告的设计原则

招聘广告的设计原则与其他广告基本相同,应该符合 AIDMA 原则。

(一)attention(引起注意)

一则好的招聘广告必须能够吸引眼球,能够吸引目标群体的注意。这就要求广告能够用独特的格式、篇幅、字体、色彩或图案进行设计,再配以合适的发布媒体与广告位。

(二)interest(引起兴趣)

如果广告只让目标群体产生关注,但引起不了其兴趣,广告投放也就失去了意义。要想在引起目标群体注意的基础上让其产生兴趣,就必须设计出能够让人继续阅读,如带有幽默感的语言表达。

(三)desire(唤起欲望)

目标群体看到了广告,但如何使其有申请职位的意愿,还需要有能够满足他们需求的内容。所以,招聘广告除了提供一般信息,还需要加入员工能够得到的薪资福利、培训机会、挑战性的工作与责任、自我实现的可能等内容。

(四)memory(留下记忆)

不管看到广告的人是否采取了行动,都要在他们的记忆中留下深刻印象,这是招聘广告的第二个目的,即对企业形象和经营业务进行宣传。企业要想达到这个目的,以上广告手法都可以派上用场。

(五)action(购买行动)

招聘广告的最终目的是在广告公布后很快能够收到符合条件的申请信和简历。要做到这一点就需要简单明了地写明联系人和联系方式,包括电话、电子邮箱、通信地址等,以便求职者用他们习惯的方式与企业联系,促使其进一步采取求职行动。

二、招聘广告的主要内容

一般来讲,招聘广告的主要内容一般包括本企业的基本情况、招聘人员的基本条件、报名的方式、报名的时间、报名需带的材料、其他注意事项等，一般结构如下。

（一）企业标志和广告性质

招聘广告设计的最基本要求是在显眼位置注明企业标志和广告性质，让阅读者一眼就能够看到这是什么广告，不会与其他广告混淆。

（二）企业性质简介

招聘广告的第一段应该写清楚企业性质和业务发展等情况，以便求职者对招聘单位有一个基本了解。文字不要过多，应该以简练的语言将企业最吸引求职者的信息表达出来。

（三）岗位职责和任职要求

招聘广告中十分重要的信息是招聘岗位的工作职责和任职要求。工作职责告诉求职者这个岗位要做什么，任职要求告诉求职者应聘该岗位需要具备什么条件。这不需要将工作说明书的所有内容都列出来，但至少要参考其中的主要条款，并以简要的语言注明。

（四）申请资料要求和联系方式

招聘广告的最后部分，要向求职者说明投寄申请资料的要求和联系方式，如"有意者请于某年某月某日以前将详细的学习和工作简历、有关学历证书和身份证复印件、免冠近照、要求薪金、联系地址和电话邮寄到或发送到……"招聘企业提供的联系方式有三种：通信地址、电子邮件和传真。对于招聘人数多的企业，可以不提供电话，以免增加人力资源部门的工作成本。

材料研讨

传统的人力资源管理属于企业职能部门，为企业自身的人才搜寻、储备、培训、晋升等提供基本服务。在经济科技发展和社会分工细化的背景下，人力资源整合效率要求不断提高，能够为劳动者就业与职业发展、为用人单位管理和开发人力资源以及提供更加专业化服务的人力资源服务业逐渐兴起，并成为现代服务业的重要组成部分。人力资源服务业具有高技术含量、高人力资本、高成长性和辐射带动作用明显等特点，近年来呈现出较快的增长速度，已成为一个令人瞩目的朝阳行业。

经过三十多年的发展，我国人力资源服务行业不断总结成功的管理经验，已从单一的人事服务向劳务派遣、中高端猎头、人才测评、职业生涯辅导、政府产业发展咨询服务等多业态并存的新格局迈进，市场活力不断被激发，行业规模在持续扩大。

思考：在选择招聘渠道和利用招聘广告过程中，人力资源服务机构应该如何持续满足合作企业的招聘需求？为什么？

方法学习

一、传统招聘广告的写作技巧

（一）撰写传统招聘广告标题的技巧

一个好的标题应该具备以下四大功能：

（1）吸引注意；

（2）筛选受众；

（3）传达信息；

（4）便于阅读。

（二）传统招聘广告开头的写作技巧

招聘广告的开头主要叙述招聘原因，引出招聘广告正文，常见的形式如下。

1. 引子式

用简单的语句直接引出招聘正题，简洁明快，以招聘信息发布为主，比较适合知名度高的企业。

2. 简介式

在开头部分，首先对本企业进行简要介绍，使求职者对招聘单位有大致的了解。简介式的开头方式，比较适合知名度不高或新办企业。

3. 议论式

把用人单位的用人理念和对人才的要求，用富有文化内涵的方式表达出来，这会比单调的简介方式更吸引人，但要结合实际，不能大话连篇。

二、网络招聘广告的写作技巧

通过网络发布的招聘广告，其写作技巧如下。

（一）岗位名称要精准

很多求职者在通过网络搜索求职岗位时，总会搜索一些关键词。如果招聘广告上的岗位名称不够精准，要么求职者搜索不到，要么很容易被系统忽略。

（二）人员数量要合理

如果企业需要招聘高端人才，可以把招聘数量写得少些，一方面让求职者觉得高端人才比较稳定，另一方面可以避免求职者的盲目性。相反，如果招聘岗位的要求不高，希望有大量人员能够参与面试，就可以把招聘数量写多一点，求职者也会因为招聘人数多，产生机会较大的感觉。

（三）岗位描述要规范

企业通过网络发布招聘广告时，岗位描述规范与否往往决定着能否快速收到匹配的简历。企业的岗位描述一定要明确，不可照搬其他招聘广告。即使是同类岗位，不同企业也要根据自身情况精确设计岗位描述。

（四）晋升空间要清晰

很多求职者不仅会考虑入职初期的待遇,还会考虑企业未来可能提供的晋升空间。如果求职者入职后发现企业根本没有成长和发展空间,往往在短时间内就会考虑跳槽。

（五）注明薪资待遇

薪资待遇是大部分求职者较为关注的内容,如果岗位有大致的薪酬范围,在市场上有一定的优势,可以写出来。如果没有竞争优势,可以写面议。此外,也可以突出其他福利,如生日福利、下午茶、亲子活动等。

（六）突出企业出勤时间

如果企业上班时间少于标准上班时间,建议重点介绍,如5天7小时或不定时上班制,可重点强调。反之,建议予以弱化。

（七）同一岗位不宜长期招聘

如果企业某个岗位的招聘广告长期在网站上展示,会给求职者产生不好的想法:一是岗位流动性大,新人难以适应;二是企业要求过高或根本不是在招聘。如果确实有招聘需求,但招聘困难,招聘人员应该适当地停止发布该信息,等一段时间再发布,或者考虑采用更好的方式予以改进或更新。

（八）杜绝错别字

企业的招聘广告一定要杜绝错别字。若招聘广告中有错别字,轻则让求职者觉得招聘人员粗心大意,重则会认为企业管理不够严谨,这些都会影响求职者对企业形象的判断,导致一些优秀人才的流失。因此,招聘广告的审核要慎之又慎,坚决杜绝错别字。

 实战范本

寻找爱"迪"生——×××2023届全球校园招聘正式启动!

×××股份有限公司(以下简称"×××")成立于1995年2月,总部位于广东省深圳市,截至2021年年底拥有员工约29万人,业务横跨汽车、轨道交通、新能源和电子四大产业。×××肩负高度的责任感和使命感,构建"电动车治污,云轨云巴治堵"的绿色大交通体系,助力实现双碳目标。截至2022年6月底,×××在全球已累计申请专利3.7万项、授权专利2.5万项。

【面向群体】

毕业时间为以下范围的2023届全球高校本、硕、博毕业生。

境内:2022年9月1日—2023年8月31日。

境外:2022年7月1日—2023年12月31日。

【需求专业】

机械类、电气类、电子信息类、自动化类、计算机类、力学类、交通运输类、化学类、材料类、工业工程类、物理学类、土木类、仪器类、统计学类、数学类、能源动力类、物流管理与工程类、安全科学与工程类、环境科学与工程类、化工与制药类、管理科学与工程类、工商管理类、公共管理类、金融学类、外国语言文学类、经济与贸易类、电子商务类、新闻传播学类、设计学类等。

部分职位不限专业，欢迎优秀的同学加入我们！

【招聘岗位】

六大类岗位类别、千余岗位方向正在热招中，详细信息可在资料下载区查看《×××2023届秋季校园招聘简章》。

【工作地点】

深圳、西安、惠州、上海、长沙、重庆、包头等。

【招聘流程】

简历网申—空中/线下宣讲—综合面试—专业面试—发出offer—签约。

【简历投递】

PC端:job.×××.com—选择主题"×××2023届秋季校园招聘"—投递简历。

移动端:关注"×××招聘"公众号—选择菜单—校园招聘—投递简历。

【行程安排】

空中宣讲会和线下宣讲行程将第一时间在"×××招聘"公众号、"×××校园招聘"抖音、×××招聘官网，以及各高校就业网站/公众号发布。

【资料下载区】

略。

学习自测

一、判断题（对的打√，错的打×，请将合适的答案填写在对应的位置）

1. 内部招聘能够更好地保证招聘质量。　　　　　　　　　　　　　　　　　（　　）

2. 广告招聘没有地域限制，受众人数广泛，覆盖面广，且招聘费用低廉。　　（　　）

3. 校园招聘能够吸引众多的潜在人才，且招聘到的人才流失率较低。　　　　（　　）

4. 外部招聘能够有助于优化企业内部的人才结构，但涉及的招聘周期往往较长。（　　）

5. 员工推荐最大的优点是企业和应聘者双方掌握的信息较为对称。　　　　　（　　）

6. 在撰写招聘广告时，一定要准确定位岗位名称，详细列举工作内容。　　　（　　）

7. 重新雇用是指组织将提前退休或已退休的员工再招聘来工作，这既有利于发挥该类员工的经验优势，也有利于降低企业的劳动成本。　　　　　　　　　　　　（　　）

8. 招聘渠道的选择不需要考虑成本因素，只要满足招聘质量的要求即可。　　（　　）

9. 社交媒体招聘渠道非常灵活，对于中小企业而言，是一个不错的选择。　　（　　）

10. 人才交流中心主要面对中、高级人才，其招聘成本也比较高。　　　　　（　　）

二、单项选择题（请将合适的答案填写在对应的位置）

1. 关于工作轮换的说法，不准确的是（　　）。
   A. 有利于促进员工对不同部门的了解　　　B. 有利于提高员工的综合能力
   C. 有利于促进部门之间的合作　　　　　　D. 有利于降低员工流失率

2. 以下不属于外部招聘的形式是（　　）。
   A. 网络招聘　　　　　　　　　　　　　　B. 猎头招聘
   C. 内部公开招聘　　　　　　　　　　　　D. 校园招聘

3. 属于影响企业招聘渠道选择的宏观因素的是（　　）。
   A. 劳动力市场　　　　　　　　　　　　　B. 企业战略
   C. 应聘者的年龄　　　　　　　　　　　　D. 人力资源规划

4. 主要用于招聘高级管理者与技术骨干的员工招募方式是（　　）。
   A. 校园招聘　　　　　　　　　　　　　　B. 网络招聘
   C. 猎头招聘　　　　　　　　　　　　　　D. 人才交流会招聘

5. 以下属于内部招募渠道缺点的是（　　）。
   A. 激励性不足　　　　　　　　　　　　　B. 适应较慢
   C. 人员来源有限　　　　　　　　　　　　D. 费用较高

6. 有可能影响内部员工积极性的员工招募方式是（　　）。
   A. 校园招聘　　　　　　　　　　　　　　B. 网络招聘
   C. 内部晋升　　　　　　　　　　　　　　D. 熟人推荐

7. 以下说法中，属于校园招聘的基本特点的是（　　）。
   A. 能够吸引潜在的技术与管理人才　　　　B. 招聘流失率不高
   C. 招聘对象的职业化水平不高　　　　　　D. 招聘费用高

8. 以下关于传统媒体招聘的说法，正确的是（　　）。
   A. 广播电视的招聘费用不高
   B. 杂志招聘主要针对特定的职业群体
   C. 报纸招聘发行量大，对象有一定的针对性
   D. 网络招聘速度快，质量高

9. 以下关于通过机构招聘的说法，不正确的是（　　）。
   A. 人才交流中心主要面向高端人才招聘
   B. 职业介绍机构主要面向中低端人才招聘
   C. 委托公共机构招聘可以大大提高招聘工作的效率
   D. 猎头的招聘费用非常高

10. 一般来说，不适合衰退期企业的招聘渠道是（　　）。
    A. 广告招聘　　　　　　　　　　　　　　B. 员工推荐
    C. 猎头公司　　　　　　　　　　　　　　D. 内部招聘

三、多项选择题（五个备选项中至少有两个符合题目要求，请将合适的答案填写在对应的位置）

1. 网络招聘的优点包括（　　）。

　　A. 成本较低　　　　　　　　　　B. 选择余地大,涉及范围广

　　C. 方便快捷　　　　　　　　　　D. 不受地点和时间的限制

　　E. 成功率高

2. 外部招募的不足主要体现在(　　　)。

　　A. 进入角色慢　　　　　　　　　B. 筛选的难度大且时间长

　　C. 招募成本高　　　　　　　　　D. 影响内部员工的积极性

　　E. 决策风险大

3. 参加招聘会前,关于招聘人员的准备,说法正确的有(　　　)。

　　A. 招聘人员的服装服饰整洁大方

　　B. 现场人员一定要有用人部门的人员

　　C. 所有的人在回答问题时要口径一致

　　D. 现场人员最好有人力资源部门的人员

　　E. 对求职者可能问到的问题对答如流

4. 关于熟人推荐这种招聘方式的说法正确的有(　　　)。

　　A. 工作更加努力　　　　　　　　B. 对候选人的了解比较准确

　　C. 招募成本较高　　　　　　　　D. 易在组织内形成裙带关系

　　E. 适应范围较窄

5. 关于招聘广告的特点描述正确的有(　　　)。

　　A. 招聘广告本质上是面向大众的

　　B. 有很多招聘广告是设置在企业网站上的

　　C. 招聘广告的目的是找到合适的人才

　　D. 招聘广告的发起者必须是特定群体

　　E. 招聘广告需要通过特定媒介传递给大众

实操训练

　　某企业通过比较不同招聘渠道的效度,发现采用校园招聘的质量较高,因此非常注重到长期合作的高等院校选拔合适的人才。又是一年校园招聘的启动期,作为人力资源部门的校园招聘负责人,请设计一份针对合肥地区高校的校园招聘活动推广方案。

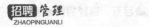

学习评价

本项目学习任务综合评价表

班　级		姓　名		学　号			
评价项目	评价标准		分值	自评	互评	师评	总评
知识回顾	理解对应知识体系		10				
新知识导入	掌握招聘渠道类型等对应的基础理论		15				
材料研讨	会运用素材、参与积极、认识深刻、见解独到等		25				
操作流程	掌握对应操作流程		20				
方法训练	熟练运用所学方法解决具体问题		20				
自测效果	学习成效符合测评要求		10				
合　　计			100				

項目六

筛选简历与组织笔试

■ **学习目标**

了解简历的基本类型,掌握简历的主要内容和制作技巧,掌握筛选简历的方法;理解笔试的基本概念,掌握笔试的甄选方法和实施流程。

■ **素质目标**

熟练运用信息技术工具,培养规则意识、条理意识和精益求精意识等。

■ **学习要点**

简历与笔试。

? 情景 思考

为提高人力资源管理专业应届毕业生的初步甄选质量,企业可以采取哪些方法? 为什么?

任务一 筛选简历

一、简历的基本类型

简历,顾名思义,就是对个人学历、经历、特长、爱好及其他有关情况所做的简明扼要的书面介绍。一般来说,简历有以下三种基本类型。

(一)时间顺序型

时间顺序型的简历是以时间为顺序列举出自己的学习、工作等经历。例如,先列出最近所从事的工作经历,然后按倒序将过去的工作经历依次列出。

(二)职能/技能顺序型

职能/技能顺序型简历强调实力和成就,而不是仅仅按时间顺序罗列工作经历。

(三)复合型

复合型的简历包括职能/技能顺序型简历的内容,也包括一个简略的时间顺序型工作简历,其中包括教育背景、工作经历、职务头衔和雇用日期等。复合型简历兼具以上两种简历的优点,适合大多数求职者。它既能突出求职者的职业技能,又能给用人单位提供求职者过去的职业发展路径等信息。

二、简历的主要内容

一份有效的简历,一般可以分为五个部分,如图 6-1 所示。

(一)个人基本信息

简历首先应列出求职者的姓名、性别、籍贯、健康状况、兴趣爱好、毕业学校、所在院系及专业、联系方式等个人基本信息,以便用人单位了解其基本情况。

(二)教育背景

简历应写明求职者曾就读的学校、专业或学科,以及起止期间,并列出所学专业的主要课程及学习成绩(也可以附寄学校统一提供的成绩单),表明在校期间所担任的职务以及所获得的各种奖励和荣誉,以此体现求职者求学过程中的整体表现。

图 6-1 简历的主要内容

（三）工作经验

求职者若有工作经验，应详细列明，如曾经的工作单位、工作期限、工作性质、担任职务等，以便用人单位深入了解求职者的工作经验和职业素养。

（四）自我评价

通过自我评价彰显个人优势，吸引用人单位的注意，将是简历成败的一大关键。求职者在写自我评价时，可以先回顾一下自己的工作经历，思考自己在以前的工作中所积累的经验，然后挑选出与所应聘岗位比较吻合的工作能力，以突出自己的优势，进一步引起用人单位的关注。

（五）求职意向

求职意向是指求职目标或个人期望的工作职位，表明求职者通过简历希望得到什么样的工作岗位以及职业发展目标，应和个人爱好特长等结合，以便用人单位进行初期甄选。

三、简历的设计原则

一份好的求职简历，一般遵循以下设计原则。

（一）简洁性原则

一般情况下，简历的长度以 A4 纸一页为佳，简历越长，被用人单位关注的可能性会越小。高级人才有时可准备 2 页以上的简历，但也需要结合用人单位的招聘岗位需求，尽可能在简历开头部分对资历等重点内容进行概述。

（二）清晰性原则

清晰的简历便于用人单位阅读。就像是制作一份平面广告作品一样，求职者在对简历进行排版时需要综合考虑字体大小、行和段的间距、突出重点等因素。

（三）真实性原则

在撰写简历时，求职者不要试图编造简历，如编造虚假的工作经历或者业绩等，任何谎言都会令用人单位做出非常负面的评价。

（四）针对性原则

假如用人单位要求求职者具备相关工作经验和销售业绩，求职者应在简历中清楚地陈述有关的经历和事实，并且把它们放在突出的位置。有针对性的简历更能令求职者脱颖而出。

（五）条理性原则

要将用人单位可能雇用自己的理由，用自己的经历有条理、有依据地表达出来。无论是依时间顺序还是职能/技能顺序，都要让人易于理解、阅读，快速获得重要信息。

（六）客观性原则

简历上应提供客观的证明或者佐证资历、能力的事实和数据。另外，简历要避免使用第一人称。

（七）价值性原则

简历上使用的语言力求平实、客观、精练,注意提供能够证明工作业绩的量化数据,同时,提供能够提高职业含金量的成功经历。

材料研讨

视频简历是把求职者的形象与职业能力表述通过数码设备录制下来,经过对录制后的影像编辑及播放格式转换,再通过播放器播放的一种可以观看求职者影音形象的简历形式。视频简历凭借客观的影音效果以及丰富的信息量,快速拉近了求职者和用人单位的距离,使用人单位在较短的时间内能够全面了解求职者。视频简历是求职者利用录制的视频在互联网上展示自己的一种方式,有着传统的纸质简历不能比拟的优势,能让用人单位看到、听到并体会到求职者的实际表现及内心感受。但也有许多企业的人力资源部门负责人表示,观看视频简历可能需要3~5分钟或更长时间,但是浏览纸质简历只需要很短的时间,所以不能作为简历的主要部分。

年轻人比较喜欢使用个性化简历,"90后""00后"更钟爱多媒体简历。运用多媒体进行求职,形式新颖而引人注目。但在实际制作多媒体简历时,一定要做到:有形式更要有内容。在展现自己特长的同时,要表明求职意向以及个人要求。另外,由于网络的公开性,在上传多媒体简历时,一定要保护好个人隐私,如家庭情况、身份证号码等重要信息。

思考:如果要向目标求职单位展示一份个性化的多媒体简历,应注意哪些方面? 为什么?

_____

_____

_____

_____

_____

_____

方法学习

一、简历的制作技巧

制作一份完美的简历,需要掌握以下制作技巧。

（一）针对性强

企业对不同岗位的职业技能与素质需求各不相同。因此,求职者在制作简历时最好能先确定求职方向,然后根据招聘企业的特点及职位要求"量身定制",从而制作出一份针对性较强的简历,切忌一份简历"吃遍天下"。

（二）言简意赅

用人单位在招聘时，仅一个岗位可能就会收到数十封甚至上百封简历，查看简历的时间相当有限。因此，求职者的简历要简单而有内涵，大多数岗位的简历篇幅最好不超过两页，尽量提炼为一页。

（三）突出重点，强化优势

求职者需要做到：目标要突出，明确应聘哪个岗位，如果简历中没有明确的目标岗位，则有可能直接被淘汰；突出与目标岗位相关的个人优势，包括职业技能、素质及经历，注重量化工作成果，多用数字、项目和案例佐证。

（四）格式方便阅读

网络上提供了很多简历模板，只能起到参考作用，毕竟每个人的情况是不一样的，模板未必适合所有求职者。因此，求职者应慎用网络上直接提供的简历模板及简历封面，应根据自身情况进行合理设计，注意简历格式和行文，方便用人单位浏览和阅读。

（五）逻辑清晰，层次分明

求职者在整理自己的简历时，要注意语言表达技巧，文字描述要严谨，富有逻辑性，各个部分的内容衔接要合理，教育及工作经历可采用倒叙的表达方式，重点部分可放在简历的最前面。

（六）客观真实

诚信是做人之根本，事业之根基。一个不讲诚信的人，很难在社会上立足。同理，如果求职者在简历中弄虚作假，将会失去更多的机会。即使求职者能侥幸获得面试机会，有经验的招聘者在面试过程中一般也可以看穿，只要被发现有一处作假，就会被拒之门外。一个连诚实都做不到的人，用人单位又怎能信任呢？因此，求职者在写简历时一定要做到客观、真实，可根据自身情况结合求职意向进行纵深挖掘，合理优化，而非夸大其词，弄虚作假。

简单实用的简历模板参见表 6-1 所示，求职者可根据个人情况进行调整。

表 6-1 简历模板

姓　名		性　别		出生年月		照片
籍　贯		民　族		身体状况		
政治面貌		身　高		邮政编码		
联系电话		学　历		E-mail		
家庭住址						
求职意向						
教育背景						
工作经历 （或实践经历）						
个人技能 （证书等）						
自我评价						

二、简历筛选的方式

（一）人工筛选

1. 基本特点

需要甄选人员能够准确理解综合信息；筛选较为准确；与筛选人员的专业水平密切相关，但筛选效率有待提高。

2. 关注点

外观行文、具体经历、起始时间、应聘理由、薪酬要求、回避因素、教育背景、综合素养等。

（二）计算机筛选

1. 基本特点

用人单位需要加大技术投入；针对招聘岗位选好关键词；甄选效率非常高，但筛选的准确性有待提高。

2. 关注点

由于求职岗位的称谓不同，需要考虑应聘者撰写简历的习惯；应聘者的群体特征，如校园招聘和社会招聘要求有差异。

人工筛选和计算机筛选的比较如表 6-2 所示。

表 6-2　人工筛选与计算机筛选的比较

方　式	主　要　特　点	存　在　不　足
人工筛选	是传统的筛选方式，特别是收集纸质版简历时非常适用； 对判断简历信息更准确； 审阅的过程较为细致，能够较好地保证简历筛选质量	甄选效率较低，耗时耗力； 对简历内容的判断可能带有一定的主观倾向性； 对筛选人员的专业素养要求较高
计算机筛选	借助于计算机功能，通过设定的标准，可以快速、客观地筛选简历，节省了大量时间； 在校园招聘和社会招聘中，很多企业都通过官网和第三方平台申请、投递和收集电子简历，大大提高了收集应聘者简历的效率； 统计简历结果迅速、高效	相对来说，计算机筛选存在刻板、遗漏和筛选不够准确的问题； 企业需要加大软硬件等资源的相关投入

任务二　组织笔试

🔖 **理论学习**

笔试是一种与面试对应的测试，是以填写的方法考核应聘者学识水平的重要工具，这种方法可以有效测量求职者的基本知识、专业知识、管理知识、综合分析能力和文字表达能力等素质及能力的差异。

一、优缺点分析

笔试的优缺点分析如表 6-3 所示。

表 6-3　笔试的优缺点分析

优　　点	缺　　点
经济性,测试效率高; 广泛性,测试题量大,测评的知识等内容覆盖面广; 客观性,操作规范,结果相对更加客观、公平、公正	缺乏灵活性,难以测量求职者深层次的素质特征; 会出现"高分低能"现象,与求职岗位的匹配性有待加强; 阅卷和分析结果需要较多的人力

二、笔试的基本类型

笔试的基本类型如表 6-4 所示。

表 6-4　笔试的基本类型

基本类型	测试重点
专业类笔试	主要考核技术类岗位所需的基础理论和用人单位业务有关的技术性问题
文化素质类笔试	主要考核求职者的文化综合素质
技能类笔试	主要考核实际工作能力和岗位的专业操作能力
论文类笔试	主要考核文字组合、表达、分析和综合等能力
心理类笔试	主要考核智力、动机、态度、兴趣等各方面的心理素质
混合类笔试	主要考核求职者各方面的综合素质及能力

(一)专业类笔试

专业类笔试主要集中在基础理论和用人单位业务有关的问题上。这类笔试主要针对研发类和技术类的岗位,主要考核工作中需要的相关技术性问题,专业性比较强。这类考试的结果和求职者的学习积累密不可分。

(二)文化素质类笔试

文化素质类笔试主要考核应聘者的文化素质,考核内容一般是由招聘单位给出特定的范围和要求,一般是考核应聘者的文化综合素质,如各类知识的积累以及文字的组织表达能力,一般用于文科类岗位。

(三)技能类笔试

技能类笔试主要是测试应聘者的实际工作能力和岗位的专业操作能力。这类笔试一般是针对特定岗位进行的,如用人单位要招聘一名会计,就会对会计的专业技能进行测试,要求求职者处理对应的会计科目。

(四)论文类笔试

论文类笔试主要测试应聘者的文字组织、语言表达、材料分析和综合处理等能力,题目的类型一般是小论文、论述题、归纳题等。一般来说,招聘中高级管理职位或文科类职位比较侧重这类笔试。

(五)心理类笔试

心理类笔试一般针对特殊的用人单位招聘,主要是为了测试求职者的智力、动机、态度、兴趣等方面的心理素质。这些岗位对应聘者的心理素质要求较高,所以用人单位会对其进行心理测试。心理类笔试的题目都是设计好的标准化测试问卷,一般比较大的用人单位才会使用这种笔试方式。

(六)混合类笔试

混合类笔试主要考察应聘者各方面的综合素质及能力,涵盖语言能力、数字处理能力、逻辑推理能力、综合分析能力等。一般国内企业通常使用行政能力测试,大型外企则偏爱英语阅读能力测试。

三、笔试的应用场景

一般来说,笔试的应用场景如图 6-2 所示。

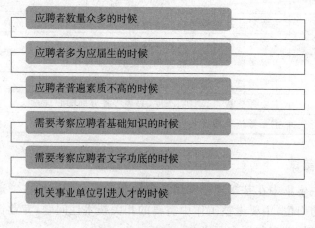

| 应聘者数量众多的时候 |
| 应聘者多为应届生的时候 |
| 应聘者普遍素质不高的时候 |
| 需要考察应聘者基础知识的时候 |
| 需要考察应聘者文字功底的时候 |
| 机关事业单位引进人才的时候 |

图 6-2　笔试的应用场景

材料研讨

笔试中取得高分的能力和实际上的创新能力并不完全一致,取得高分的能力是应试能力,应试能力往往不等于实际本领。而且人的精力是有限的,花费大量时间应试的人,通常难以有更多的时间接触实际,难以有更多的时间去探索,即使他们很聪明,也不能两者兼顾。创造性特别强的人往往比较讨厌死板的考试,而且十分善于节约精力,他们把应付考试的精力节约下来用于积极地探索,这样才能有创造。有些人既有创造性又善于考试,这当然很不简单。但是,如果他们能把考试的精力节约出来用在创造上,其创造成绩会更佳。考场没有好文章,考试不能增加社会的知识总量,增加社会知识总量的是研究和创造。

考试这种形式,更有利于人才评价和选拔,而不是有所发现,有所发明。人们在考场上是不大敢创新的,因为那太冒险,考试要的是分数。所以久经考场的"常胜将军"们很有可能潜移默化地形成某种复制型、固化的思维方式,这对他们日后的创新是羁绊。还是那句话,"出圈"未必有创造,但创造必须"出圈"。然而机械的考试恰恰是禁止"出圈"的一种运作模式,从这个意义上说,考试往往会压抑创造性。

思考:你认同这种说法吗? 为什么? 企业在人才甄选中应该如何体现创新导向?

_____

_____

_____

_____

_____

_____

方法学习

笔试的实施流程

(一)成立笔试测评小组

为保证笔试质量,用人单位需要进行大量的准备工作。其中,成立笔试测评小组可以有效推进整个笔试活动的实施,笔试测评小组的具体职责包含制订笔试计划、编制笔试题、考务组织与安排等。

(二)制订工作计划

为了使笔试有序高效进行,用人单位需要制订周密详细的实施计划。具体而言,笔试的实施计划包含:笔试的目的、类型和科目;笔试的组织与安排,如负责人、测试规模、测试地点、监考人员、阅卷人员的安排等;笔试结果的运用;笔试经费;笔试工作评估等。

(三)组织编制试题并试测

根据招聘岗位的要求,企业需要确定对应的考核指标,以此为基础确定考试的类型、内容、难度、题量和评分标准等内容。在试题编制完成后,企业可以选择一部分相关人员进行试测,在此基础上对试题进行审核与修订,以确保试题的信度和效度。同时,一些岗位招聘的数量大、周期长、重复性多,人力资源部门可以考虑建立题库。

(四)实施测试

笔试的实施环节包括考前通知、考场管理和考卷保管等内容。考前通知是根据考试计划的时间、地点通知应聘者和安排培训监考人员;考场管理是考试现场的布置、考务的组织、监考安排等工作;考卷保管是考试结束后试卷的回收和存放管理。

(五)阅卷评分

对回收的考卷,用人单位根据评分标准,安排工作人员规范完成考卷的评分、登分和复核工作,最终形成笔试的成绩报告。

(六)测试结果运用

对于笔试的最终成绩,一般有两种用法:一种是按照分数从高到低的原则选取一定数量的人员进入下一轮甄选,这是一种选拔性的方式,能够起到择优的作用;另一种是达到一定分数的人员进行下一轮甄选,这个分数一般已经事先确定好,以体现公平性,这种方式在一定程度上可以避免唯分数论导致的高分低能的风险。

目前,随着信息技术的飞速发展,有些用人单位已经建立了在线考试系统,可以事先将笔试题导入系统,安排应聘者在线测试。这种方式一方面提高了笔试阅卷的效率,另一方面非常方便各类测试信息的统计比较,对笔试的效率和效果提高起到了积极的辅助作用。

 **实战范本**

某公司公开招聘笔试组卷说明

一、笔试方式与试卷结构

(1)测试方式为闭卷。

(2)试卷满分:100分。

(3)测试时限:120分钟。

(4)试题类型分为客观性试题和主观性试题。客观性试题包括判断题、单项选择题;主观题包括简答题、案例分析题、申论、写作等。

(5)竞聘岗位:企业管理专业2人。

(6)试卷套数:1套。

(7)选聘岗位基本要求及条件。

① 遵守国家宪法和法律,品行端正,身体健康,无不良记录。

② 专业对口,成绩优秀,综合素质高,具有较好的语言表达能力、文字能力和沟通协调能力。

③ 本科学历,年龄在28周岁以下;硕士研究生及以上学历,年龄在32周岁以下。

④ 列入国家高校毕业生统分计划,硕士研究生及以上学历须全日制本科起点;录用时学位证、毕业证两证齐全;在国(境)外获得学历学位的应聘人员,录用时应持有《留学归国人员证明》和教育部留学服务中心颁发的《国外学历学位认证书》。

二、笔试内容及分值范围

企业管理专业知识	企业管理基础知识	20	单选题:40题,每题1分,共40分; 案例分析题:2题,共30分; 写作题:1题,共30分
	人力资源管理	20	
	市场营销知识	10	
	行政管理、档案管理知识	20	
	综合文字能力 (给出材料写调研报告)	30	

三、试卷难度比例

较难试题约占 20%，中等难度试题约占 50%，较容易试题约占 30%。

四、命题要求

(1) 注重理论与工作实际相结合，题目侧重运用理论知识解决实际问题能力。

(2) 题目新颖、开放，切合当前实际，与单位、岗位要求相贴近。

(3) 所有试题不得从网上直接摘录，须是原创或改编的题目。

五、提交时间

5月30号8:00之前提交电子版，加密码发至××××@126.com。谢谢！

联系电话：××××××××

学习自测

一、判断题（对的打√，错的打×，请将合适的答案填写在对应的位置）

1. 招聘甄选应由人力资源部门完成。　　　　　　　　　　　　　　　　（　　）

2. 招聘甄选的录用决策应由用人主管部门做出。　　　　　　　　　　　（　　）

3. 笔试作为非常有效的测评工具，可以全面考察求职者的基本知识、基本技能、工作态度、品德修养等。　　　　　　　　　　　　　　　　　　　　　　　（　　）

4. 在招聘甄选过程中，重点在于考察求职者的知识技能水平。　　　　　（　　）

5. 在人力资源管理领域，人员素质是指个人在完成特定任务时必备的基本条件和基本特点，是影响个人从事活动的自身因素，对一个人的职业倾向、工作能力与潜力、工作成就和事业发展起着决定性作用。　　　　　　　　　　　　　　　　　　　（　　）

6. 笔试对用人单位基层岗位的甄选效率非常高。　　　　　　　　　　　（　　）

7. 一般来说，简历的教育背景信息对选拔合适的员工非常关键。　　　　（　　）

8. 有效的甄选可以提高招聘的效率，降低员工录用的风险。　　　　　　（　　）

9. 笔试最出色的人员，必然是组织未来绩效最好的员工。　　　　　　　（　　）

10. 在筛选简历时，应进行背景调查，该步骤的主要目的在于验证求职者所提供的信息的真实性，以获得其更全面的信息。　　　　　　　　　　　　　　　　　（　　）

二、单项选择题（请将合适的答案填写在对应的位置）

1. 以下甄选方法，不适合用于甄选文员的是（　　　）。

　　A. 现场操作　　　　　　　　　　　　B. 笔试

　　C. 角色扮演　　　　　　　　　　　　D. 面试

2. 最适合高级经理的测评方法为（　　　）。

　　A. 测评中心　　　　　　　　　　　　B. 结构化面试

　　C. 笔试　　　　　　　　　　　　　　D. 背景调查

3. 以下描述中，属于笔试缺点的是（　　　）。

　　A. 效率低　　　　　　　　　　　　　B. 成绩相对客观

C. 用时少　　　　　　　　　　　　D. 不能考核品德修养

4. 在招聘的笔试完成后,阅卷人在阅卷和成绩复核时,关键要(　　)。

　　A. 客观、合理、不徇私　　　　　　B. 主观、合理、不徇私

　　C. 客观、公正、不徇私　　　　　　D. 主观、公正、不徇私

5. 以下不属于初步甄选的工具的是(　　)。

　　A. 简历　　　　　　　　　　　　　B. 求职申请表

　　C. 笔试　　　　　　　　　　　　　D. 职业心理测试

6. 关于人工筛选简历的说法,不合理的是(　　)。

　　A. 效率高

　　B. 准确性比较高

　　C. 所需时间长

　　D. 可以全面了解求职者的基本信息

7. 在进行初步甄选简历时,应更多地关注(　　)。

　　A. 在校表现　　　　　　　　　　　B. 综合素质

　　C. 求职意向　　　　　　　　　　　D. 客观信息

8. 关于在线考试系统的优点,说法不合理的是(　　)。

　　A. 提高了测试的信度与效度

　　B. 提高了知识测试中客观题的阅卷效率

　　C. 有助于进行各类测验信息的统计比较

　　D. 对知识测试效果的提高起到了积极的辅助作用

9. 以下说法中,不属于优秀简历制作的特点的是(　　)。

　　A. 信息全面　　　　　　　　　　　B. 信息与岗位相关

　　C. 张扬个性　　　　　　　　　　　D. 给人以深刻的印象

10. 在知识测试过程中,比较适宜于建立题库系统的岗位一般具有以下(　　)等特点。

　　A. 招聘范围广、周期长、核心岗位员工

　　B. 招聘时间长、岗位非常重要

　　C. 招聘数量大、周期长、重复性多

　　D. 招聘数量大、时间短、范围广

三、多项选择题(五个备选项中至少有两个符合题目要求,请将合适的答案填写在对应的位置)

1. 下列对笔试法的描述正确的是(　　)。

　　A. 成绩评定比较主观

　　B. 可以对大规模的应聘者同时进行筛选,花较少的时间达到较高的效率

　　C. 由于考试题目较多,可以增加对知识、技能和能力的考察信度与效度

　　D. 可以全面考察应聘者的态度、品德、管理能力、口头表达能力和操作能力

　　E. 笔试作为应聘者的初次竞争,成绩合格者才能继续参加面试或下轮的竞争

2. 简历的筛选涉及(　　)。

A. 审查应聘者的隐私　　　　　　　　B. 审查简历中的逻辑性

C. 分析简历内部结构　　　　　　　　D. 审查简历的客观内容

E. 对简历的整体印象

3. 属于简历中客观内容的是(　　)。

　　A. 个人信息　　　　　　　　　　　　B. 教育经历

　　C. 工作简历　　　　　　　　　　　　D. 工作业绩

　　E. 个性描述

4. 以下属于制订知识测试计划的内容包括(　　)。

　　A. 知识测试的目的　　　　　　　　　B. 知识测试的科目

　　C. 知识测试的组织与安排　　　　　　D. 知识测试的效果预测

　　E. 知识测试的预算安排

5. 以下描述中,关于计算机筛选简历的说法正确的是(　　)。

　　A. 大大提高筛选效率　　　　　　　　B. 筛选质量比人工方式高

　　C. 筛选的时间短　　　　　　　　　　D. 大大减少了工作量

　　E. 筛选质量比人工筛选低

实操训练

1. 某建筑设计公司非常注重品牌塑造与质量管理。为建设一流的人才队伍,该公司近些年更关注在年轻人才的引进上把好源头关,日益注重校园招聘的笔试工作。新的一年校园招聘工作已经启动,请你为该公司设计一份研发类岗位的应届毕业生的笔试方案。

2. 请围绕经济社会发展实际,结合自身求职意向,撰写一份面向新能源汽车服务行业某企业的求职简历。要求岗位自定,体系清晰,内容完整,体现特色。

本项目学习任务综合评价表

班 级		姓 名			学 号		
评价项目	评 价 标 准		分值	自评	互评	师评	总评
知识回顾	理解对应知识体系		10				
新知识导入	掌握简历、笔试等对应的基础理论		15				
材料研讨	会运用素材、参与积极、认识深刻、见解独到等		25				
操作流程	掌握对应操作流程		20				
方法训练	熟练运用所学方法解决具体问题		20				
自测效果	学习成效符合测评要求		10				
合 计			100				

项目七

组 织 面 试

■ 学习目标

了解面试的形式和类型,熟悉面试的准备工作,掌握面试的程序;了解结构化面试的优缺点,掌握面试题库的设计原则、方法与程序,掌握面试评分表,掌握面试官组建,熟悉面试场所的选择与布置,掌握面试的提问方式与技巧;了解人才测评技术。

■ 素质目标

培养沟通能力与人际交往能力,培养规则意识、合作意识与服务意识,懂得观察、思考与应变等。

■ 学习要点

面试的准备工作、面试的形式与类型、面试的程序、结构化面试和人才测评技术。

情景 思考

1. 作为一名求职者,如果明天要参加一次结构化面试,你会提前做好哪些准备?为什么?

2. 作为一名面试官,如果明天要参加一次结构化面试,你会提前做好哪些准备?为什么?

任务一　面试前的准备工作

面试是用人单位经过精心策划的重要招聘环节,通过面谈或线上交流(视频、电话)的形式来考察一个人的工作能力与综合素质,以初步判断应聘者是否能够胜任岗位工作和顺利融入工作团队。

一、面试的形式

依据面试的内容与要求,面试的形式如图 7-1 所示。

(一)问题式面试

问题式面试要求由招聘者按照事先拟订的提纲对求职者进行发问,求职者按照自己的理解进行回答,其目的在于观察求职者在特殊环境中的表现,考核其知识与业务,判断其解决问题的能力,从而获得有关求职者的第一手资料。

图 7-1　面试的形式

(二)压力式面试

压力式面试由招聘者有意识地对求职者施加压力,就某一问题或某一事件进行一连串的发问,问题详细具体,不断追根究底,直至无以对答。此方式主要观察求职者在特殊压力下的反应、思维敏捷程度及应变能力。

(三)情景式面试

情景式面试由招聘者事先设定一个情景、提出一个问题或一项计划,让求职者进入对应的角色,并模拟完成具体任务,其目的在于考核其分析问题、解决问题的能力。

(四)随意式面试

随意式面试由招聘者与求职者漫无边际地进行交谈,气氛轻松活跃,无拘无束,招聘者与求职者自由发表言论,各抒己见。其目的在于闲聊中观察应试者的谈吐、举止、知识、能力、气质和风度,对其做全方位的综合素质考察。

(五)综合式面试

综合式面试由招聘者通过多种方式考察求职者的综合能力和素质,如用外语与其交谈,或要求即时作文,或要求即兴演讲,或要求团队合作,甚至操作一下计算机等,以考察其外语水平、文字加工、团队合作、口才表达等各方面的能力。

二、面试的类型

面试大致可以分为如图 7-2 所示的四种类型。

图 7-2　面试的类型

（一）个人面试

个人面试又称单独面试,指考官与一位应聘者单独面谈,是面试中最常见的一种类型。

1. 一对一的面试

一对一的面试即一位考官面对一个求职者,一般适用于规模小的机构、职位层次较低的招聘面试场合。

2. 多对一的面试

多对一的面试即若干考官(面试团)面对一个求职者,一般适用于规模较大的机构招聘面试,如考核公务员,面试团队现场打分,进行成绩合成。

（二）集体面试

在集体面试中,通常要求求职者进行小组讨论,相互协作解决某一问题,或者让求职者轮流担任领导主持会议、发表演说等。集体面试主要用于考查求职者洞察环境、人际沟通、组织协调、领导创新等能力。

无领导小组讨论(leaderless group discussion)是最常见的一种集体面试法。它一般采用情景模拟的方式对求职者进行集体面试,将一定数量的求职者组成一组(6～9 人),安排一小时左右与工作有关的问题的讨论,且讨论过程中不指定谁是领导,也不指定受测者应坐的位置,让受测者自行组织安排,测评人员现场观测求职者的组织协调能力、口头表达能力、说服和影响他人的能力等各方面素质是否达到岗位的要求,以及自信心、进取意识、情绪稳定性、反应灵活性等个性特点是否符合岗位的团体气氛,由此来综合评价求职者之间的差别。

（三）综合面试

综合面试是以上两种面试方式的综合,由主考官通过多种方式综合考查求职者多方面的才能,以达到甄选的目的。

（四）渐进式面试

当求职者太多时,用人单位会先初次面试以了解个人背景及谈吐与应对能力,然后进行二次面试甚至三四次面试,具体情况视招聘职位高低来定。大型公司在招聘员工时都会有一套比较正规的程序。一般来讲,这分为五个阶段:简历筛选、笔试、初次面试、高级经理面试和最后的谈判。

三、面试的准备工作

作为面试官,有计划地进行面试前的准备工作,有助于顺利开展面试,提升面试的针对性和有效性,增强面试的效度和信度。具体而言,面试之前的准备工作体现在以下几个方面。

（一）确定面试的目的

清晰的面试目的可以有效帮助面试官有针对性地开展面试，提高面试的效率，而不是漫无目的地提出和面试无关的问题。作为企业，面试的目的如图7-3所示。

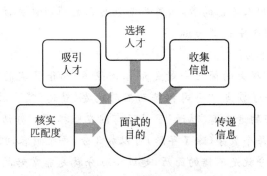

图7-3　面试的目的

（二）明确对空缺岗位的预期绩效

作为面试官，对空缺岗位的预期绩效是什么？期待求职者在未来的工作中有怎样的表现？为实现这种目标，求职者需要克服什么障碍和挑战？要克服这些障碍和挑战，求职者需要具备何种能力？结合这些问题提问，面试官对求职者的技能要求能够有更深入的认识和把握，才能设计好面试题目，以有效组织即将到来的面试。

（三）提前熟悉求职者的简历材料

为了保证面试的有效进行，面试官应该提前阅读求职者的简历材料，以便充分了解求职者的信息。面试官应该重点关注的信息包含：相关的工作经验和绩效表现；教育背景和相关培训经历；求职者的工作兴趣；求职者的职业意图等。面试官可以对简历材料中的疑点予以标注，如求职者工作衔接出现的空当期、信息前后矛盾或明显不合理之处等，可以将这些疑点作为面试过程中的问题来源。

（四）选择合适的面试方法

面试官应该根据求职者所应聘的岗位不同，结合企业的具体招聘流程安排面试，在对应的面试甄选环节，选择和开发恰当且有效的面试方法，并不断进行调整和优化。

（五）列出面试提纲

在列出面试提纲时，面试官应该考虑如图7-4所示的内容。

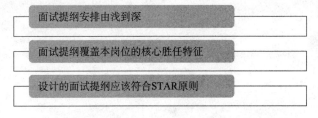

图7-4　设计面试提纲

材料研讨

求职简历有"水分"是不可避免的。面对激烈的岗位竞争，每个求职者都想获得面试的邀请函，而想要得到用人单位的青睐，首先要让自己的简历被关注。简历掺杂"水分"就是求职者希望在众多对手中脱颖而出。

什么是简历中的"水分"？

有网友说："'水分'很大的简历一般是形容词很多，而很扎实的简历恰恰是动词和名词很多。"也有网友戳中了痛点："公司招聘动不动就要'精通'某个技术，实际上是夸大了招聘要求，为防被刷，应聘者唯有'精通'了。"还有网友概括："一句话，形容词很多，数字很少。一般来说，简历中每个数字（除了年龄）可以加3分，每个形容词减1分，看最后总分就可以了。一般超过50分就是不错的简历，超过100分就是非常好的简历；但是30分甚至10分以下的简历，就缺少实际内容了。"

有"水分"的简历，可能有夸大的成分，也可能有失真的成分。求职简历可以有一定的修饰，但绝不能虚假。毕竟工作是长远的事，简历出现的某个问题可能会成为职业生涯的污点。

那么，用人单位可以接受简历有"水分"吗？

简历有"水分"的现象在招聘过程中并不少见，至于用人单位能否接受，不同的用人单位有不同的观点。根据相关数据分析，虽然有的用人单位坚决抵制这种行为，但大部分的用人单位是抱着可以理解和宽容的态度。持否定观点的用人单位认为："简历有'水分'是绝对不可以接受的，原因是这样的求职者有可能在今后的工作中也不诚实。"而更多的用人单位认为："简历有'水分'很难避免，但是尽量不要在简历中加入'水分'。适当包装不等于'水分'。"

思考：你认同上述网友的说法吗？要找到一名称职的候选人，用人单位筛选简历时需要做好哪些准备工作？如何设计面试题？为什么？

_____

_____

_____

_____

_____

_____

方法学习

STAR 面试法

STAR 面试法是企业招聘面试过程中可采用的技巧，其具体内容如下。

（1）situation（情景），即在面试中面试官要求求职者描述他在工作期间曾经做过的某件重要的且可以当作考评标准的事件的背景环境。

（2）task（任务），即考察求职者在其背景环境中的任务与角色，考察该求职者是否做过其描述的职位及其是否具备该岗位的相应能力。

（3）action（行动），即考察求职者在其所描述的任务当中所担任的角色是如何操作与执行任务的。

（4）result（结果），即在执行该项任务后所达到的效果，求职者通常会在简历上写一些结果，描述自己做过什么，成绩怎样，比较简单和宽泛。在面试的时候，需要了解求职者如何做出这样的业绩，做出这样的业绩使用了什么方法，采取了什么手段，以此全面了解该求职者的知识、经验、技能的掌握程度以及他的工作风格、性格特点等与工作有关的方面。

应用 STAR 面试法进行有效面试可按以下步骤。

（1）建立素质模型，即企业的用人标准。

（2）根据具体招聘岗位招聘要求，从素质模型中选择适当的素质作为面试阶段的主要考查内容，并依照岗位具体要求设计面试题库，为面试做好准备。

（3）在面试中进行有效提问和追问，获取所需要的真实信息。

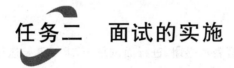

任务二 面试的实施

◧ 理论学习

一、各阶段的工作内容

（一）准备阶段

在面试的准备阶段，用人单位需要开展的具体工作如表 7-1 所示。

表 7-1 面试准备阶段的具体工作

准备阶段	主 要 内 容
制定面试指南	设计面试工作手册，如面试目的、面试官组成、面试提纲等
准备面试问题	针对不同的招聘岗位，结合企业战略、岗位需求设计对应的面试题库
确定面试方法	根据企业绩效考核要求，围绕岗位职责和核心素质选择合理的测试甄选方法
培训面试官	对面试官从面试规则、提问方式、评分要求等方面开展培训

（二）实施阶段

在面试的实施阶段，用人单位需要开展的具体工作如表 7-2 所示。

表 7-2 面试实施阶段的具体工作

实施阶段	主 要 内 容
关系建立阶段	与求职者建立融洽的关系
导入阶段	进一步让求职者放松
核心阶段	紧扣岗位核心素养进行提问
确认阶段	进一步核实不清晰的信息
结束阶段	进行面试总结

1. 关系建立阶段

关系建立阶段是面试官与求职者建立融洽关系的阶段。这个阶段一般要求面试官从熟悉的问题开始提问,以创造自然、宽松、和谐、友善的面试氛围。

2. 导入阶段

导入阶段需要设置 2~3 个开放式问题,以进一步让求职者放松心情、表现自然。

3. 核心阶段

面试进入实质性阶段,问题将涉及岗位的工作内容与对应的工作职责等,可以深入了解求职者的全部信息。

4. 确认阶段

确认阶段一般要求运用封闭式问题,以进一步核实不够清晰的信息,此时不适宜再提出新的问题。

5. 结束阶段

面试进入尾声,面试官表示感谢、进行面试总结,求职者要运用好"最后一问"。

(三)总结阶段

在面试的总结阶段,用人单位需要开展的具体工作内容如下。

1. 形成面试结果

面试结束后,面试官根据面试流程安排,统计处理求职者的面试表现,形成最终的面试成绩,经过反复核验后签字上报有关负责人审核。

2. 反馈面试结果

根据用人单位发布的招聘简章和测试规则,按时公示相应的面试结果,并做好处理异议的准备。在一定期限内,如果无异议,则进入最后的录用决策程序。

3. 归档面试结果

按照常规工作要求,将本次面试结果存档备查,并做好阶段性面试工作总结。

二、结构化面试

结构化面试已经成为面试活动中的主流。所谓结构化面试,即通过工作分析确定面试的测评要素,在每一个测评的维度上预先编制好面试题目,并制定对应的评分标准,在面试过程中遵循客观的评价程序,对求职者的表现进行数量化的分析与评价,是具有较高的信度和效度的一种面试方法。

（一）基本特点

结构化面试的基本特点如图 7-5 所示。

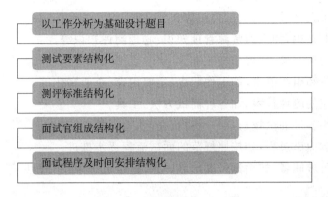

以工作分析为基础设计题目

测试要素结构化

测评标准结构化

面试官组成结构化

面试程序及时间安排结构化

图 7-5　结构化面试的基本特点

（二）优缺点分析

结构化面试的优缺点如表 7-3 所示。

表 7-3　结构化面试的优缺点

优　　点	缺　　点
岗位针对性强	测评灵活性差，难以随机应变
测评方法标准化	难以获求求职者的深层次信息
测评结果客观、准确、实用	鉴别功能有待加强

（三）结构化面试的题目设计原则

1. 针对性原则

针对性原则要求面试题目必须紧扣岗位的要求和求职者的信息，进行有针对性的测评。

2. 代表性原则

代表性原则要求面试题目能够精准衡量和测评岗位所需的能力要素，并予以标准化。

3. 可行性原则

可行性原则要求面试题目符合实际，难易程度适中，能够在面试环节得到落实，题目不宜过多过杂。

（四）面试评估表

面试评估表是由若干评价要素构成，在面试过程中由考官现场评价、记录求职者各项要素优劣程度的计量工具。在结构化面试中，面试官根据求职者对每个问题的反应，利用对应的测评指标、测评等级、要素权重等对其进行评分，评分结果汇总于面试评分表中。

（五）面试官选择

在结构化面试中，面试官的人数必须为 2 人以上，通常是 5～7 人。面试官的组成常根据拟任职位的需要,按专业、职务、年龄、性别进行科学配置,其中有 1 名主考官,主考官负责把握整个面试的进程。

合格的面试官应具有以下基本特征。

(1) 良好的个人品质,如正直、公正等。

(2) 具备专业知识,如人力资源管理知识、心理测评知识等。

(3) 丰富的沟通经验,如善于交流等。

(4) 熟悉岗位和组织要求,如工作职责、主要内容、企业文化等。

(5) 掌握对应的测评技术,如各种面试方法、工具。

(6) 熟练运用各种面试技巧,如开场白、提问、追问等。

(7) 有效控制面试过程,如按照规范的面试流程逐步推进。

(8) 客观评价求职者,如面试尺度始终一致、评价过程中没有偏见等。

材料研讨

面试官是指具备一定的识人能力,能够根据企业战略、产品特性、业务发展及人才市场供给状况有效地甄选适合企业要求人才的专业人员。

很多人会认为面试不像人力资源管理的工作。因为人力资源管理的工作多强调专业性,如绩效考核、培训与开发、薪酬福利、人才管理,强调规则和系统。但面试完全是和人打交道的工作。从这个角度看,面试官有很多特质是不可替代的,特别是对于长期从事这个岗位的人有一些特殊的要求。

面试官在面谈前应该研读所招聘职位的工作说明书,并深入了解招聘需求产生的背景、招聘职位所在单位的工作汇报关系、招聘职位的工作职责及业绩考核指标等信息。面试官要做到了然于胸,才能有的放矢。

思考:在招聘团队中,如何造就更多的优秀面试官?为什么?

_____

_____

_____

_____

_____

_____

方法学习

一、结构化面试的题目设计方法

(一) 具体类型

在结构化面试中,面试题目一般涉及教育、培训、工作经历、职业发展、自我评价、家庭背景、求职动机、专业知识和技能等,具体可分为以下类型。

1. 背景性问题

考察求职者的个人背景、家庭背景、教育背景、工作背景等基本信息,如个人兴趣爱好、家庭情况、曾工作企业的类型。

2. 知识性问题

测试与应聘岗位相关的基本知识,如提问什么是企业战略管理的 SWOT 分析法。

3. 思维性问题

考察求职者的理解、推断、分析、综合、评价等能力,如怎样看待加班。

4. 经验性问题

询问求职者过去的经历或工作内容,如"请简述你在招聘专员岗位上最成功的一次经历"。

5. 情境性问题

将求职者置身于假设的情境之中,设想如何反应,如"假如你第一天上班,就接到客户的投诉,你会怎么处理"。

6. 压力性问题

将求职者置身于充满压力的情境中,观察其反应及情绪稳定性和应变能力,如"你好像不适合客服经理的岗位,你觉得呢"。

7. 行为性问题

围绕和工作相关的胜任特征提问,要求求职者讲述一些关键的行为案例,记录并提取求职者的胜任特征,如"请你讲述你曾经历的一次团队合作活动"。

8. 意愿性问题

对求职动机、价值取向、生活态度等提问,如"怎样看工作和生活的平衡问题"。

（二）设计程序

结构化面试的题目设计一般有以下程序:

(1) 职位分析;

(2) 拟订编制计划;

(3) 编制题卡;

(4) 试题分析;

(5) 试题组合。

二、面试评估表的设计方法

面试评估表一般包含:序号、姓名、性别等表头内容;应聘部门及岗位;考察重点、评价要素及权重;评价标准与等级;评价栏;面试官签字栏;面试时间等。

面试评估表的示例如表7-4~表7-9所示。

表7-4 面试评估表示例(1)

候选人姓名		应聘部门		应聘岗位		应聘日期	

候选人信息收集

人力资源部门	用人部门
综合素质(个人形象、肢体语言、沟通表达、逻辑思维等)	综合素质(个人形象、肢体语言、沟通表达、逻辑思维等)
文化适配性(候选人个性及相关条件是否与团队文化匹配)	工作经验(过往工作经历是否与岗位要求匹配)
胜任素质(所具备的能力素质是否与岗位要求匹配)	专业技能(所具备的知识/技能/资源是否与岗位要求匹配)
求职意愿(是否愿意加入我公司,职业规划与岗位是否匹配)	求职意愿(是否愿意加入我公司,职业规划与岗位是否匹配)
过往离职原因	过往离职原因
薪资要求	薪资要求
岗位匹配度	岗位匹配度

人力资源部门 初试评价	□ 推荐复试,建议试用期薪资_____元,转正_____元 □ 备选 □ 不合适 签名:　　　　　　　　　日期:
用人部门 复试评价	□ 推荐复试,建议试用期薪资_____元,转正_____元 □ 备选 □ 不合适 签名:　　　　　　　　　日期:
终试评价	□ 推荐复试 建议试用期薪资_____元,转正_____元 □ 备选 □ 不合适 签名:　　　　　　　　　日期:

以下由人力资源部门负责跟进

入职部门		入职岗位	
试用期薪资		转正后薪资	
预计到岗时间		新人工作导师	

审批审核

人力资源部门		用人部门		分管领导	

表 7-5　面试评估表示例（2）

候选人			面试官				
应聘职位			面试时间				
考核项	说　　明	面试评价					备注
		非常出色	基本符合	需要培训	不适合		
面试准备	是否对公司有足够了解？是否穿着得体？是否准时到达？						
工作经验	是否具备足够的工作经验？						
教育程度	是否具备岗位所需的学历或专业、资格？						
人际关系	人际关系能力怎样？是否友善、有趣、善于互动？						
沟通能力	文字表达或语言表达能力如何？						
技能水平	他的技能（1）是否满足岗位工作所需？						
	他的技能（2）是否满足岗位工作所需？						
	他的技能（3）是否满足岗位工作所需？						
胜任特征	他的胜任特征（1）是否满足岗位工作所需？						
	他的胜任特征（2）是否满足岗位工作所需？						
	他的胜任特征（3）是否满足岗位工作所需？						
学习力	当面临新事物时，表现如何？是否愿意持续学习、参与培训和接受反馈？						
工作意愿	对这份工作，候选人表现出的兴趣度如何？						
整体评价	对候选人的整体评价如何？						

注：以上项目可根据需求进行删改。可勾选评分，也可直接打分

面试建议	□强烈推荐　□推荐
	□还需考察　□不予考虑

表 7-6 面试评估表示例(3)

候选人		面试官			
应聘职位		面试时间			
面试问题	评价标准	面试记录	面试评价		
			非常满意	满意	不满意
你以前是否从事过类似的工作?可否简单描述。	【非常满意】从事的工作非常相似,且完成出色; 【满意】从事同行业工作; 【不满意】与以前的工作不相关				
可否简单介绍一下你过去主要发起或完成的一些项目?	【非常满意】负责启动和完成了几个重大项目,并描述了项目是如何完成的及项目结果; 【满意】负责启动和完成了几个重大项目; 【不满意】只是参与项目工作,没有扮演重要角色				
如果你是新的执行董事,有几个董事会成员拿着不同的优先事项来找你,你该如何处理这些事项?	【非常满意】先私下和董事会主席讨论这一问题,然后和董事会主席及董事会成员一起研讨他们的优先事项; 【满意】分别和董事会成员讨论他们的优先事项,试图确定一致的优先事项; 【不满意】在公开会议上讨论这些主题。在没有董事会主席或董事会成员列席的情况下做出决定				
……	……				

注:根据要考核的胜任特征设定问题及评价标准,并忠实记录候选人的回答要点

你对候选人的整体评价是	
面试建议	□强烈推荐　□推荐 □还需考察　□不予考虑

表 7-7 面试评估表示例(4)

应聘人		应聘岗位		所属部门		面试官	
参考要素		重要性 (1~4)	任职要求 (1~5)	岗位标 准得分	面试者能 力得分	个人 得分	分差
类别	细项						
技能							
经验							
个性 素质							
知识 结构							
岗位总分				个人总分			
岗位匹配度							

表 7-8 面试评估表示例(5)

候选人	面试官	面试评价			总分	平均分
		考核项一	考核项二	考核项三		

表 7-9　面试评估表示例(6)

候选人姓名		应聘部门		应聘岗位	
面试官姓名		所属部门		面试日期	

从简历中发现的尚需进一步核实的问题

	关注点	面试记录
1		
2		
3		
4		
5		

关键能力素质项考察

考察维度	面试问题	面试记录			
		S	T	A	R
1					
2					
3					
4					
5					
面试综合评价					

三、面试场所的选择与布置

(一)面试场所的选择标准

(1)考场所在位置的环境必须安静。

(2)考场面积适中,一般以 30～40 平方米为宜。

(3)温度、采光度适宜。

(4)除主考场外,还应根据求职者的数量设立若干候考室,候考室的选择应与主考场保持一定距离,以免相互影响。

(二)面试场所的布置形式

面试场所的布置是有讲究的。就面试官与求职者的位置关系来说,通常有五种形式。

(1)圆桌会议的形式,多个面试官面对一位求职者。

（2）一对一的形式,面试官与求职者成一定的角度而坐。

（3）一对一的形式,面试官与求职者相对而坐,距离较近。

（4）一对一的形式,面试官与求职者相对而坐,距离较远。

（5）一对一的形式,面试官与求职者坐在桌子的同一侧。

上述面试官与求职者不同的位置关系,产生的面试效果是不同的。那么究竟采用哪一种形式好呢?

如果采用（1）,排列成圆桌形,求职者不会觉得心理压力太大,同时气氛也较为严肃。

如果采用（2）,面试官与求职者成一定的角度而坐,避免直视,可以缓解心理紧张,避免心理冲突,也有利于对求职者的观察。

如果采用（3）,面试官与求职者面对面而坐,双方距离较近,易于直视,容易给对方造成心理压力,使求职者感觉到自己好像在法庭上接受审判,紧张不安,可能无法发挥其正常水平。当然,在想特意考察求职者的压力承受能力时可采用此形式。

如果采用（4）,双方距离太远,不利于交流,同时,空间距离过大也增加了人们之间的心理距离,不利于双方更好地合作。

如果采用（5）,面试官与求职者坐在桌子的同一侧,心理距离较近,也不容易造成心理压力。但这样面试官的位置显得有些卑微,也显得不够庄重,而且不利于面试官对求职者的表情、行为进行观察。

因此,通常情况下会采用第一种、第二种形式进行面试。

四、面试提问方式与技巧

（一）连串式提问

连串式提问多用在压力面试中,如考核求职者的反应能力、逻辑性、条理性等。

（二）开放式提问

开放式提问期待求职者进一步解释清楚,需要仔细说明,常用的提问方式包括如何、什么、为什么、哪个,等等。

（三）封闭式提问

封闭式提问一般较为简单、符合常规,问题涉及的范围小。

（四）引导式提问

引导式提问一般针对特定的问题,有特定的回答,无须进一步解释。

（五）非引导式提问

非引导式提问允许求职者充分发挥,如谈感受、提意见、说看法、做评论。

（六）清单式提问

清单式提问能够提供可供选择的答案。

（七）假设式提问

假设式提问一般需要围绕求职岗位、工作任务、行为表现、处理结果等开展。

（八）压迫式提问

压迫式提问希望能够制造紧张的面试气氛，以此来考核求职者的反应力、情绪稳定性等。

（九）重复式提问

重复式提问具有一定的检验意图，以验证求职者所提供信息的准确性。

（十）确认式提问

确认式提问一般能够鼓励求职者深入交流。

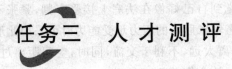

任务三　人才测评

📖 理论学习

人才测评是指通过一系列科学的手段和方法对求职者的基本素质及绩效进行测量和评定的活动，应用在组织发展与人才管理等企业管理领域。

一、人才测评的基本作用

人才测评在人力资源管理和开发中具有重要作用，主要体现在以下五个方面：有助于人才选拔和使用；有助于人力资源的全面普查；有助于为团队建设提供依据；有助于自我认识和发展；有助于管理者的工作开展。

二、人才测评的基本原则

（一）普遍性与特殊性相结合

在设计测评要素和编制测评标准时，一方面要遵循测评工作的技术要求，另一方面要充分体现工作岗位或职位的特点与要求。

（二）测量与评定相结合

在现代人才测评工作中，定量测量和定性评定是一个有机的整体，测量是评定的基础，评定是测量的深化。

（三）科学性与实用性相结合

在进行人才测评时，一方面应尽可能提高测评的科学性，另一方面需考虑现有的技术水平和测评条件，注重实用性。在实际测评工作中，应在这两者之间进行协调与平衡。

（四）精确与模糊相结合

在人才测评中，有些测评要素可以很精确地进行测评，如机械推理能力；有些则很难进行测评,如口头表达能力和自我认识,这就需要进行模糊测评。人才测评应该在模糊之中求精确,在精确之中有模糊。

(五)静态测评与动态测评相结合

在测评要素和测评标准的设计与编制上,静态测评是以相对统一的测评方式在特定的时空条件下进行测评,动态测评则是从要素形成与发展的过程,以及前后发展的情况进行测评,这种动态测评有利于了解被测者的实际水平。静态测评与动态测评相结合还表现在测评方法的选择上。

三、人才测评的主要内容

(一)职业道德

职业道德的首要内容是诚信,此外还有对目标执着、工作责任心和个人价值取向等内在素养。

(二)心理素质

较强的心理素质是现代人生存和发展的必备条件。心理素质水平的高低可以从以下方面进行衡量:性格品质的优劣、认知潜能的大小、心理适应能力的强弱、内在动力的大小及指向等。心理素质强的个体,在生活上更容易主导自己的选择,在工作上更能应对岗位的各种挑战,其行为表现和工作绩效更易于预测。

(三)情绪稳定性

有的人能力一般,却能够冷静地处理问题,因此取得成功;有的人虽然智力发达,但情绪却不稳定,因此难以取得成就。情绪稳定性的重要意义日益为人们所关注。

(四)各种能力

人才测评还包括创意能力、应变能力、判断决策能力、分析归纳能力、表达能力等,不同岗位的要求不同。

(五)过往业绩

通过成长轨迹可以对求职者进行推断、测评。从过去的经历,既可看到求职者的过去,也可分析出其未来的潜力。

(六)综合素质

综合素质包括工作态度、心理素质、教育背景、工作能力等。

♻ 材料研讨

一周前,求职者小李参加了某公司招聘初选,并被要求在周四上午参加第二阶段面试。面试那天,小李穿上他最好的西服,带着准备好的材料,信心满满地出发去参加面试。

但令小李意想不到的是,自己遇到了该公司人力资源部的张经理。首先,张经理迟到了 30 分钟,小李料到了可能发生这种情况,因为这家公司工作忙、人手少,所以并未在意。其次,张经理一边翻阅应聘材料一边向小李提问,问他目前在哪工作,过去在哪上大学,面试不到 2 分钟,小李意识到张经理根本没有看过他的简历。接下来 1 小时,张经理一直即兴发挥,东拉西扯,提了一些漫无边际的问题,而小李始终不得要领,疲于应对。

思考: 导致这次面试失败的主要原因有哪些? 如果由你来组织此次甄选与测评,你会如何改进? 为什么?

_____

_____

_____

_____

_____

方法学习

一、人才测评程序

(一)进行工作分析

工作分析是将一项工作分解为对于工作业绩至关重要的各种不同的活动,以确定出人才测评应该预测的领域。

(二)选择测评要素

一项良好的人才测评应该准确、一致地对使工作成功至关重要的知识、技术、能力和态度进行衡量。人才测评专家应该选择最能够有效地对目标行为进行预测的测评计划。通过对其科学性、合法性的分析,应保证所选择的测评是专业的、有效的、公平的、不带歧视性的,并只涉及法律允许的问题。

(三)测评分析

在选择一项适合的人才测评中,最重要的因素是测评系统有效性,以及测评分数与工作业绩标准相关的有效性。所有测评题目的衡量都应以工作内容为依据,使测评参加者的测评分数具有一定的可靠性,且测评不应带任何歧视性。

(四)独立评估

通过咨询测评心理学家、查阅专业书籍或借助专业测评机构,测评方按照对应的测评标准,运用合适的测评方法,实施独立评价。

(五)测评结果应用

通过科学方法对个体的行为和内在素质进行测评后,对应的测评结果将在员工招聘、培训与开发、绩效考核、薪酬管理等领域得到广泛应用。

（六）测评整体评估

通过对测评活动的整体评估，发现上述测评过程中的问题，进行具体分析并予以改进，帮助企业增强岗位匹配性，不断提高员工满意度，最终提高企业竞争力。

二、人才测评方法

（一）履历分析

履历分析是根据履历或档案中记载的事实，了解一个人的成长历程和工作业绩，从而对其人格背景有一定的了解。履历分析既可以用于初审个人简历，迅速排除明显不合格的人员，也可以根据与工作要求相关性的高低，事先确定履历中各项内容的权重，把申请人各项得分相加得总分，根据总分确定选择决策。研究结果表明，履历分析对求职者今后的工作表现有一定的预测效果，个体的过去总是能从某种程度上表明他的未来。

履历分析的优点是较为客观，成本较低，但也存在几方面的问题，比如履历填写的真实性问题；履历分析的预测效度随着时间的推进会越来越低；履历项目分数的设计是纯实证性的，除了统计数字外，缺乏合乎逻辑的解释原理。

（二）纸笔考试

纸笔考试主要用于测量求职者的基本知识、专业知识、管理知识、相关知识以及综合分析能力、文字表达能力等素质及能力要素，是一种最古老而又最基本的人员测评方法，至今仍是企业组织经常采用的选拔人才的重要方法。

纸笔考试在测定知识面和思维分析能力方面效度较高，而且成本低，可以大规模地进行施测，成绩评定比较客观，往往作为人员选拔录用程序中的初期筛选工具。

（三）心理测验

心理测量是通过观察求职者的具有代表性的行为，对于贯穿在行为活动中的心理特征，依据确定的原则进行推论和数量化分析的一种科学手段。心理测验是对胜任职务所需要的个性特点进行描述并测量的工具，被广泛用于人事测评工作中。

（四）面试

面试是通过面试者与求职者双方面对面的观察、交谈，收集有关信息，从而了解求职者的素质、能力以及动机的一种人事测量方法。面试是人事管理领域应用十分普遍的一种测量形式，企业组织在招聘中几乎都会用到面试。面试按其形式的不同可以分为结构化面试和非结构化面试。

（五）情景模拟

情景模拟是通过设置一种逼真的管理系统或工作场景，让求职者参与其中，按要求完成一个或一系列任务。在这个过程中，测试者根据求职者的表现或通过模拟提交的报告、总结材料为其打分，以此来预测求职者在拟聘岗位上的实际工作能力和水平。情景模拟测验主要适用于管理人员和某些专业人员。常用的情景模拟测验包括文件筐作业、无领导小组讨论、管理游戏、角色扮演。

（六）评价中心

评价中心是现代人事测评的一种主要形式，被认为是一种针对高级管理人员的最有效的测评方法。评价中心的特点可以概括为"二高四多"，包括高效度、高成本，使用多种测评方法（包括心理测验法）、多个测评师，多个对象同时被测评，多个测评指标。一次完整的评价中心通常需要两三天，对个人的评价是在团体中进行的。求职者组成一个小组，由一组测试人员对其进行包括心理测验、面试、多项情景模拟测验在内的一系列测评，测评结果是在多个求职者系统观察的基础上综合得到。

严格来讲，评价中心是一种程序而不是一种具体的方法，是组织选拔管理人员的一项人事评价过程，不是空间场所、地点。它由多个评价人员，针对特定的目的与标准，使用多种主客观人事评价方法，对求职者的各种能力进行评价，为组织选拔、提升、鉴别、发展和训练员工服务。评价中心的最大特点是注重情景模拟，在一次评价中心中包含多个情景模拟测验，可以说评价中心既源于情景模拟，但又不同于简单情景模拟，是多种测评方法的有机结合。

学习自测

一、判断题（对的打√，错的打×，请将合适的答案填写在对应的位置）

1. 意愿性问题一般考查应试者的求职动机和拟任职位的匹配性，内容往往涉及应聘者的价值取向与生活态度等多个方面。　　　　　　　　　　　　　　　（　　）

2. 面试官需要熟练掌握各种面试技巧，能有效地控制面试的进程。　　（　　）

3. 在面试的结束阶段，面试官要先确保之前的提问收集了做出录用决策所需的全部信息。　　　　　　　　　　　　　　　　　　　　　　　　　　　　（　　）

4. 人们往往会寻找那些能够运用自己的技术、体现自己的价值和能扮演令自己愉快的角色的职业。　　　　　　　　　　　　　　　　　　　　　　　　　（　　）

5. 由于遵循严格的测评标准与测评流程，结构化面试比非结构化面试具有更低的信度与效度。　　　　　　　　　　　　　　　　　　　　　　　　　　　　（　　）

6. 外向性格的人做事较为专心，能从事较为精确性的工作，而不能从事交际性工作。　　　　　　　　　　　　　　　　　　　　　　　　　　　　　　　　（　　）

7. 结构化面试往往以求职者的简历为基础来设计面试问题。　　　　　（　　）

8. 角色扮演是一种主要用以测评被试解决具体任务能力的情景模拟活动。　（　　）

9. 评价中心不是一种单独的测试技术或方法，而是多种测评方法与技术的综合应用。　　　　　　　　　　　　　　　　　　　　　　　　　　　　　　　（　　）

10. 很多面试官习惯在面试前几分钟才对求职者的简历进行浏览，然后就开始面试，这能够保证招聘质量。　　　　　　　　　　　　　　　　　　　　　　（　　）

二、单项选择题（请将合适的答案填写在对应的位置）

1. 在结构化面试过程中，需要以（　　　）为基础设计面试题。

　　A. 工作分析　　　　　　　　　　　　　　B. 求职者简历

C. 招聘简章　　　　　　　　　　　　　　D. 任职资格说明

2. "请自我介绍一下"，这属于结构化面试过程中的（　　　）问题。

    A. 压力性　　　　　　　　　　　　　　B. 情境性

    C. 背景性　　　　　　　　　　　　　　D. 行为性

3. "请谈谈公平与效率的关系"属于结构化面试过程中的（　　　）问题。

    A. 智能性　　　　　　　　　　　　　　B. 情境性

    C. 背景性　　　　　　　　　　　　　　D. 意愿性

4. 面试往往很难考核应聘者的（　　　）。

    A. 交流能力　　　　　　　　　　　　　B. 风度气质

    C. 衣着外貌　　　　　　　　　　　　　D. 科研能力

5. （　　　）让求职者自由地发表意见或看法，以获取信息，避免被动。

    A. 清单式提问　　　　　　　　　　　　B. 开放式提问

    C. 举例式提问　　　　　　　　　　　　D. 封闭式提问

6. 面试的开始阶段应从（　　　）发问，从而营造和谐的面试气氛。

    A. 求职者熟悉的问题　　　　　　　　　B. 求职者不能预料到的问题

    C. 求职者陌生的问题　　　　　　　　　D. 求职者能够预料到的问题

7. 让求职者对某一问题做出明确的答复的面试提问方式是（　　　）。

    A. 开放式提问　　　　　　　　　　　　B. 封闭式提问

    C. 清单式提问　　　　　　　　　　　　D. 重复式提问

8. 在面试之前，已经有一个固定的框架或问题清单的面试方法是（　　　）。

    A. 初步面试　　　　　　　　　　　　　B. 结构化面试

    C. 诊断面试　　　　　　　　　　　　　D. 非结构化面试

9. 根据工作职责提问，以获取充分的信息是结构化面试实施的（　　　）。

    A. 关系建立阶段　　　　　　　　　　　B. 导入阶段

    C. 核心阶段　　　　　　　　　　　　　D. 结束阶段

10. 从某一点或者缺陷方面出发去评价求职者其他方面，属于（　　　）。

    A. 第一印象　　　　　　　　　　　　　B. 对比效应

    C. 晕轮效应　　　　　　　　　　　　　D. 录用压力

三、多项选择题（五个备选项中至少有两个符合题目要求）

1. 结构化面试的常见问题有（　　　）。

    A. 面试目的不明确　　　　　　　　　　B. 面试标准不具体

    C. 面试缺乏系统性　　　　　　　　　　D. 问题设计不合理

    E. 面试官存在偏见

2. 结构化面试要求面试官（　　　）。

    A. 了解组织状况和岗位要求　　　　　　B. 有丰富的社会工作经验

    C. 掌握相关的人事测评技术　　　　　　D. 具备丰富的心理学知识

    E. 具有良好的个人品德修养

3. 在面试过程中,求职者通常希望( )。

    A. 创造融洽的会谈气氛   B. 充分了解自己所关心的问题

    C. 被理解、尊重,被公平对待   D. 决定是否愿意到该单位工作

    E. 有足够的时间向面试官展示自己的能力

4. 面试问题的提问方式包括( )。

    A. 开放式提问   B. 清单式提问

    C. 封闭式提问   D. 重复式提问

    E. 确认式提问

5. 面试官应掌握的面试实施技巧包括( )。

    A. 不带个人偏见   B. 灵活提问

    C. 可以发表结论性意见   D. 充分准备

    E. 拒绝回答应聘者提出的问题

实操训练

请围绕经济社会的发展实际,结合结构化面试的特点,设计一套面向人力资源服务行业企业招聘人力专员的面试题。

本项目学习任务综合评价表

班　级		姓　名		学　号			
评价项目	评 价 标 准		分值	自评	互评	师评	总评
知识回顾	理解对应知识体系		10				
新知识导入	掌握结构化面试等对应的基础理论		15				
材料研讨	会运用素材、参与积极、认识深刻、见解独到等		25				
操作流程	掌握对应操作流程		20				
方法训练	熟练运用所学方法解决具体问题		20				
自测效果	学习成效符合测评要求		10				
合　　计			100				

人员录用和入职管理

■ 学习目标

了解录用决策的意义、影响因素及参与者,掌握录用决策的程序和方法,理解录用决策可能出现的误区;掌握入职审查的内容、工具和方法;了解背景调查;了解入职前谈判,掌握录用通知,掌握新员工的入职流程、新员工入职引导技巧,理解新员工入职质量管理,掌握签订劳动合同的流程。

■ 素质目标

培养长远眼光,提高信息加工与处理能力,懂得合作与沟通,富有公平意识与守法意识,能够积极反思、不断改进工作流程等。

■ 学习要点

录用决策、入职审查、背景调查、入职谈判和新员工入职管理。

 情景 思考

针对刚入职的大学应届毕业生,用人单位有哪些合理的建议?

任务一　录用决策

录用决策是指依据科学的方法,结合前期的选拔结果做出员工录用决定,并进行合理配置,录用决策质量将对后续各项人力资源管理活动产生深远的影响。

一、录用决策的意义

(一)提高员工队伍素质

做好人员录用决策是提高员工队伍素质的关键一环。只有确保合格的人员被录用,才能在进一步培训的基础上塑造一流的员工队伍。

(二)提高劳动生产率

做好人员录用决策是提高劳动生产率的基本前提。只有每个岗位上都是合适的人员,才能确保每项工作都顺利完成。相反,若存在许多不合适的人员在岗,则无法保证工作任务的完成效果。

(三)塑造企业品牌

做好人员录用决策是塑造企业品牌的重要途径。企业通过规范化的招募、甄选和录用,可以在人力资源市场上展现出良好的企业形象,这有利于塑造卓越的企业品牌,持续提升企业的核心竞争力。

(四)保证公平竞争

做好人员录用决策是保证公平竞争的必然要求。员工录用工作做得好,意味着企业对各类求职者一视同仁、公正公平,有利于社会的安定团结,有利于形成尊重知识、尊重人才的良好的社会风尚。

二、录用决策的要求

(一)信息准确可靠

应聘人员的全部原始信息和全部招聘过程中的现实信息,如年龄、性别、毕业学校、专业、学习成绩、工作经历、工作业绩、原领导和同事的评价以及在应聘过程中各种测试的成绩和评语,都必须是准确、可靠、真实的信息。

(二)甄选方法合理

选择甄选方法时,需要做到:注意对能力的分析,如沟通能力、应变能力、组织能力、协调能力;注意对职业道德和高尚品德的分析,如工作中所表现出的忠诚度、可靠度和事业

心;注意对特长和潜力的分析,对具备某些特长和潜力的人员要特别关注。

（三）招聘程序科学

企业的招聘程序应经过四个环节:人力资源部门的初步筛选;业务部门进行相关业务的考察和测试;招聘职位的职能部门经理和招聘专员参加测试;进行能岗匹配度分析。应在此基础上做出科学的决策。

（四）招聘团队素质优良

招聘团队的素质水平将直接影响着求职者被录用的概率,招聘团队的素质越高,招聘录用的成功率就越高。

（五）能力与岗位匹配

求职者的个人能力完全胜任该岗位的要求(人得其职);岗位所要求的能力求职者完全具备(职得其人)。

三、录用决策的参与者

（一）人力资源人员

在录用选拔过程中,人力资源人员是最基本的决策者,他们需要参与人员选拔的全过程。基于从业经验、胜任力和工作要求,人力资源人员可以为用人部门提供求职者筛选和录用决策的专业指导。

（二）用人部门主管

人力资源部门常常为用人部门推荐经过筛选的候选人名单,由用人部门负责人最终决策。用人部门负责人是直接领导和管理员工的人,是业务方面的能手,对所需员工具有清晰的认知与判断。

（三）团队伙伴

在工作团队日益普及的今天,越来越多的企业尝试让工作团队伙伴参与初期甄选并做出录用决策。团队伙伴可以与求职者面谈,表达自己愿意选择什么样的工作伙伴,以此来提高工作效率。

传统意义上,团队伙伴不是录用决策者。但这种录用决策的发言权应该受到鼓励。这种模式也有助于让员工认同组织发展目标,培养主人翁意识。当然,团队伙伴要参与录用决策,需要掌握一定的招聘知识和人员甄选知识和技能。

（四）高级管理者

当涉及一些重要岗位,如涉密员工、核心岗位员工、中高级员工等,企业会要求高层管理者参与决策。

在进行录用决策时,录用决策的参与者需要注意:如果人力资源部门与用人部门在人选问题上意见有冲突,应尊重用人部门的意见;企业应该尽可能地选择那些具有与企业文化和价值观相吻合的个性特点的求职者;录用时不宜录用各方面条件最好的人员,而应选择最合适的人员,否则会造成人才浪费或增加人力成本;人力资源部门要及时将甄选和录用资料存档,以备查询。

材料研讨

某企业拟招聘两名工作人员,表 8-1 是人力资源部门通过笔试进行初选之后,对所挑选出来的甲、乙、丙、丁四名候选人进行综合素质测评的得分,以及 A 和 B 两个岗位的测评指标权重。

思考:请根据表 8-1 中的数据,分别为 A 和 B 两个岗位确定一名最终候选人。

表 8-1　综合素质测评的得分

项目		知识	事业心	表达	适应	沟通	协调	决策
甲/分		0.9	0.5	1	1	0.8	0.9	1
乙/分		0.7	1	0.5	0.6	1	0.8	0.9
丙/分		0.8	0.8	0.7	0.8	0.8	1	0.8
丁/分		1	0.9	1	0.9	0.7	0.7	0.9
权重	A	0.8	0.9	0.7	0.8	1	0.6	0.7
	B	0.9	1	0.8	0.9	0.9	1	1

方法学习

一、录用决策的程序

(一)全面总结信息

针对求职者的整体表现,招聘评价小组主要关注求职者"现在能做什么""愿意做什么""将来能做什么"等方面的信息。根据企业发展和职位需要,招聘评价小组最终把注意力集中在"能做"和"愿做"两个方面。其中,"能做"是指知识、技能以及获得新的知识和技能的能力;"愿做"是指工作动机、兴趣和其他个人特长。这两个因素是良好的工作表现不可缺少的,尤其是后者。

(二)分析决策影响因素

根据能级对应原理,不同的职位配置不同能力的人员,相应的录用决策也会呈现一定

的差异。因此,在做出录用决策时,需要要考虑以下因素:应聘者的潜能发挥与组织现有发展需要;企业薪酬水平和应聘者要求;合格与不合格是否存在特殊要求;超出合格标准的人员是否在考虑之列等。

(三) 确定录用标准

录用标准既可以岗位为标准,按照岗位要求选择最合适人选,也可以人员为标准,将人员安置到最合适的岗位上,实现人尽其才,才尽其用。大部分企业的录用标准是以岗位为标准的,但后期根据员工表现和公司配置需要,会有一些岗位调动,如内部培养,帮助员工在最合适的岗位上实现最大价值。

(四) 选择决策方法

在实际录用决策过程中,企业可以使用的决策方法有定性方法和定量方法。前者是指主要根据决策者对求职者或某项工作胜任要求的理解,在分析候选人所有资料的基础上,凭主观做出决策。此时,每个评价者对不同候选人做出的评价可能不同,不同的人可能对同一应聘者做出不同的决策。这种方法较为简单,成本也低,并得到了广泛应用。但是,由于主观性强,评价人员的素质就显得非常重要。

为了避免因主观评价造成的偏差,在实际决策过程中,可引入统计分析的定量评价法,后者比前者更加客观。这种方法首先要区分评价指标的重要性,赋予对应权重,然后根据评分结果,进行加权计算,得分高者自然获得录用。在实际操作过程中,企业会根据实际情况,充分发挥定量方法与定性方法的作用。

(五) 做出录用决定

让最有潜力的求职者与用人部门负责人进行面谈,由用人部门负责人或录用评价小组做出录用决定,并将结果反馈到人力资源部门。最后,由人力资源部门通知求职者有关的录用决定,办理各种录用手续。

二、录用决策的方法

(一) 多重淘汰

在录用过程中,每种测试方法都是淘汰性的,应聘者须在每种测试中都达到一定水平为合格。该方法是将多种考核与测验项目依次实施,每次淘汰若干低分者。对考核项目全部通过者,按最后面试或测验的实得分数排名,择优录用。

(二) 补偿录用

在录用过程中,不同测试的成绩可互为补充,根据应聘者在所有测试中的总成绩做出录用决策。如分别对应聘者进行笔试与面试选择,再按照规定的笔试与面试的权重比例,综合算出应聘者的总成绩,最后决定录用人选。

(三) 两者结合

在录用过程中,有些环节是淘汰性的,有些环节则是补偿性的,应聘者只有过了淘汰性测试才可参加其他项目的面试。

三、避免录用决策误区

（一）具体表现

1. 工作描述与任职资格不清晰

招聘前，用人单位没有设定明确的任职资格，没有确定候选人的关键素质模型，对于招聘岗位的工作任务说明较为宽泛，不具体。

2. 决策流程不规范

用人单位如果缺乏科学有效的录用决策流程，将出现很多问题，如对简历筛选标准不一、录用前的面试操作不规范、录用决策随意、招聘部门和用人部门对评价标准意见不一、录用前缺乏背景调查、对各种资质验证不到位等。

3. 考评方法不科学

在招聘甄选的不同环节，考评方法单一、不科学。同时，针对不同的招聘岗位，没有确定不同的甄选考核方法。

4. 录用决策团队协调不力

录用决策团队成员对招聘工作认识不一致，成员之间相互协调不到位。录用决策的关键在于录用决策团队成员有一致的判定标准，以保证评价结果尽量客观、真实。

5. 与外部机构合作有待加强

对猎头等中介结构的选择存在一定的随意性，没有对有关机构进行甄选和考评。这些服务机构对候选人的某些重要信息缺乏有效甄别，出于某种目的甚至对候选人做了包装，而用人单位又没有对此进行认真考察与核实。

（二）相应措施

1. 明确岗位需求

首先，招聘人员要紧扣招聘目标，了解企业为什么需要招聘人员，什么样的人才能够满足企业目标岗位要求，目标岗位的职责是什么，岗位创造的价值如何等。在此基础上，明确岗位需求并设计符合企业战略目标的人才甄选和录用模型。

2. 确定招聘标准

用人单位应事先形成统一的评价标准和招聘录用标准，包括企业的人才理念，目标岗位的任职要求，岗位职责与能力素质要求，岗位胜任力模型，对应的甄选测试内容与方法等。同时，招聘之前，在工作分析的基础上，人力资源部门要协调各部门统一评价指标，并对相关人员进行培训。

3. 完善录用流程和考核办法

制定有效的简历识别和甄选流程以及目标岗位简历筛选标准。设计对应的面试流程，包括不同岗位类别面试官的确定，面试官的分工以及面试执行标准、实施流程。同时，针对不同岗位、不同要素、不同环节的选拔考核，用人单位需要匹配对应的考核方法，并持续优化改进。

4. 增强录用决策团队的协调性

企业应该明确录用决策过程中人力资源部门和用人部门的职责，使双方密切配合，共同完成招聘任务。在决定录用人选时,应该选择那些直接负责考查应聘者工作表现的人,以及那些会与应聘者共事的人进行决策。如果参与的人数太多,会增加决策困难,也会影响决策质量。

5. 加强与外部机构合作

如果需要运用外部机构,用人单位需要做好前期的考察工作,着重从中介机构资质、行业影响力、服务客户群体、成功案例等方面进行甄选。基于战略合作要求,用人单位应选择实力雄厚、讲究信誉、口碑良好的外部机构持续合作。

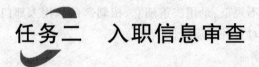

任务二　入职信息审查

🖵 理论学习

一、基本信息审查

基本信息审查的内容包括求职者身份、年龄、学历、技能、资格、工作经历等。在人力资源管理实践中,由于求职者虚报学历、资格、工作经历等情况时有发生,若企业在招聘时审核不严,将有可能导致其无法胜任工作。虽然按照相关法律、法规可以解除劳动合同,但企业也会承担一定损失。

二、劳动关系审查

法律规定,用人单位招录尚未解除劳动合同的劳动者,对原有用人单位造成经济损失的,该用人单位应当依法承担连带责任。因此,企业应该确认拟录用的人员不存在其他劳动关系。如果审查不严,导致录用的人员尚未解除劳动关系,将会面临承担连带责任风险。

三、竞业限制审查

竞业限制是指用人单位与掌握商业秘密的员工约定在劳动合同解除或终止后的一定期限内,员工不得到有竞争关系的其他用人单位任职,也不得自己生产与原单位有竞争关系的同类产品或经营同类业务。用人单位在招聘相关人员时,应对其是否与原用人单位签有竞业限制协议进行认真审查,确认拟录用的劳动者不负有上述义务,才可以与其签订劳动合同。

四、入职体检

劳动者的身体状况不仅关系着工作能力,更关系着企业的用工成本。在劳动合同履行过程中,劳动者患病的,即使入职之前就存在着该潜在疾病或职业病,新用人单位仍将可能承担责任,这大大增加了企业的用工风险。入职体检是专项体检之一,旨在通过体检保证入职员工的身体状况适合从事该专业工作,在集体生活中不会造成传染病流行,不会因其个人身体原因影响他人。因此,用人单位应要求应聘者在入职前提供体检证明,并指明需要检查的项目,但不能对乙肝携带者等歧视。

五、其他信息审查

用人单位可根据需要了解劳动者的其他重要信息,如婚姻状况、家庭情况,以及有无犯罪记录等。但是,用人单位需要注意,所了解的任何信息,应该是与劳动合同直接相关的信息,不得涉及与工作无关的信息,不得侵犯劳动者的隐私。

材料研讨

在知识经济时代,很多企业家都认为,人才是企业的核心竞争力。而任正非却说:"人才不是华为的核心竞争力,对人才进行有效管理的能力,才是企业的核心竞争力。"这句话点出了问题的根本。很多企业不是没有人才,而是人才来了之后不会用,不能把人才资源转化为强大的价值创造能力,即"用不好、长不快、调不动";还有的企业,一开始团队很有战斗力和凝聚力,但走着走着人心就散了,或者组织就僵化了,失去了持续发展的能力。

所以说,对人才的有效管理才是企业的核心竞争力。但是,如何才能有效管理人才,这又是一个大问题,很多企业家都感到头疼。大量资源被用于挖人才、做背景调查、做培训,但这些活动的效果到底好不好、投资回报率高不高,是一笔糊涂账。当然,这跟人力资本的高度复杂性有关,也确实没有一劳永逸的解决办法,好的人才管理一定是个动态优化的过程。

思考:在知识经济时代,一家富有竞争力的公司如何充分进行人才管理过程中的入职信息审查?为什么?

_____

_____

_____

_____

_____

方法学习

一、基本信息审查工具

在进行基本信息审查时,用人单位可以要求求职者填写如表8-2和表8-3所示的应聘

登记表和求职申请表,以此来记录求职者的基本信息,更加全面地了解和掌握员工的信息,且在有意外发生时,可以及时启动应急防控机制。

表 8-2　应聘登记表

姓名		性别		出生日期		
籍贯		民族		户口所在地		
身高		学历		婚姻状况		贴照片
专业		职称		政治面貌		
身份证号码			联系电话			
通信地址			邮箱			
薪金要求			应聘职位			

与本公司员工认识:□是　□否　若有,姓名:　　　职位:　　　关系:

教育经历	起止年月	学校名称	专业及学位	外语程度

工作经历	起止年月	行业、工作单位、部门、职位	离职前薪资	离职原因

专长及自我评价	

家庭成员	姓名	年龄	与本人关系	工作单位及职务	联系方式

填写人承诺	若本人被公司录用,入职后发现本人所填写的上述资料有不实之处,公司可立即解除与本人的劳动关系。 填写人签名:　　　　　日期:　　年　　月　　日

表 8-3 求职申请表

申请职位：＿＿＿＿＿＿＿＿

分 公 司：＿＿＿＿＿＿＿＿

编　　号：＿＿＿＿＿＿＿＿

相 片

个 人 资 料

姓名		性别		出生日期		身份证号码	
婚姻状况		民族		籍贯		户籍所在地	
毕业学校、专业					学历、职称		
联系地址、邮编、联系电话							
家庭住址、邮编、联系电话							
特长				驾驶证照	□客车　□货车　□摩托车		
紧急事故联系人姓名、地址、邮编							
联系电话			手机		邮箱		

家 庭 状 况

姓名	称谓	工作单位及职务	联系电话

教育及培训背景

起止时间	学校或培训机构名称	专业或课程	证书或学位

工 作 经 历

起止时间	工作单位	职位	工资	离职原因

语言及计算机技能

普通话	听力 □好 □一般 □差　　会话 □好 □一般 □差
英 语	会话 □好 □一般 □差　阅读 □好 □一般 □差　书写 □好 □一般 □差
计算机	□E-MAIL □WORD □EXCEL □POWER POINT　　□DOS　□中文输入

续表

其　　他

如因工作需要,是否可以接受外派其他分公司: □是　□否　□可以考虑

能接受的三个外派城市依次是:(1)　　　　　(2)　　　　　(3)

招聘方式:□公开招聘　□推荐(推荐人姓名:_____　职务:_____)

是否有亲友在公司:□否　□有(亲友姓名:_____　职务:_____)

期望薪金:_____(月薪或年薪)　　可到职日期:_____

　　兹声明本人在此"求职申请表"上所填报的全部内容属实,愿接受公司查询,如有虚报,公司可随时解除劳动合同。

　　申请人签名:　　　　　　　　　　　　　日期:

录　用　审　批

分公司经理意见	部门/营运点		人力资源部经理批准
	岗　　位		
	建议薪金		
	其　　他	□正式工　　□非正式工	
	经理签名:　　　　日期:		

以下部分由分公司行政部填写

入职日期		转正日期		离职日期	
所属编号		备　　注			

联系人:　　　　联系电话:　　　　邮箱:

二、告知义务和入职审查的举证技巧和方法

(一)用人单位履行告知义务举证的技巧和方法

从举证角度考虑,用人单位应当以书面形式告知劳动者,并保留相关证据,可从以下三方面采取告知措施。

1. 在员工入职登记表中声明

在员工入职登记表中设计有关栏目,要求劳动者在单位告知情况后声明:单位已经告知本人工作内容、工作条件、工作地点、职业危害、安全生产状况、劳动报酬,其他情况,并签名确认。

2. 在劳动合同中设计告知条款

用人单位可以在劳动合同关于甲、乙双方的基本情况中写明:甲方应将有关乙方工作内容、工作条件、工作地点、职业危害、安全生产状况、劳动报酬,以及乙方要求了解的其他情况,向乙方提供招聘简章或向乙方口头告知。乙方在本合同书上签字或盖章,视同已接受甲方告知的上述情况。合同条款写明用人单位已告知,可以防止因知情权而带来的法律风险。

3. 要求劳动者提供书面声明

用人单位可以在书面告知或口头告知后,请劳动者签字认可,并保留作为证据。

(二)用人单位入职审查举证的技巧和方法

劳动者的欺诈手段大部分是提供虚假资料,如假文凭、假证件、假经历等。因此,用人

单位应当建立行之有效的入职审查制度,并且适当运用知情权的法律规定。

1. 设置员工入职登记表作为证据

员工入职登记表中列明劳动者与签订劳动合同有关的各个项目,要求应聘人员如实填写,不得欺骗。用人单位应将员工入职登记表作为劳动合同的附件,妥善管理和保存,一旦发现员工有欺诈行为,就可以作为证据处理。

2. 要求劳动者提供相关个人资料留作证据

应聘者的身份、学历、资格、工作经历等信息是否真实;是否有潜在疾病、残疾、职业病等;是否年满 16 周岁或是否退休享受养老保险待遇;是否与其他单位签订有未到期的劳动合同;是否与其他单位存在竞业限制协议;如果是外国人,是否办理外国人就业手续。特别需要注意的是,在招用有从业经历的劳动者时,应该要求其提供与前单位的解除或终止劳动合同证明,并保留原件。

3. 在劳动合同中设计条款以备作为证据

为了规避出现入职审查不严带来的法律风险,可以在劳动合同中写明:"乙方应当按照甲方要求提供可验证的居民身份证或其他有效身份证、学历证书、职业资格证书的复印件,以及最后服务单位的离职证明、婚姻生育证明、甲方指定医院的体检证明等相关资料,并将有关与本劳动合同直接相关的基本情况,按甲方提供的员工招收登记表,由本人如实填明并作为劳动合同的附件。"这就指明了应聘者具有提供合法身份证件和其他证件的责任,一旦事后出现问题,可以采取措施进行补救,不但可以减少损失,还可以动用法律武器制裁欺诈者。

4. 建立职工名册并保留作为证据

《中华人民共和国劳动合同法》(以下简称《劳动合同法》)第七条规定,用人单位自用工之日起即与劳动者建立劳动关系。用人单位应当建立职工名册备查。由此可见,建立职工名册是用人单位的法定义务。要求用人单位建立职工名册备查的目的,是解决劳动者在发生劳动纠纷时举证困难,难以证明双方劳动关系的存续情况。有了这个规定,由于职工名册是由用人单位掌握和管理的,用人单位就负有举证义务了。

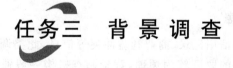

任务三 背景调查

理论学习

背景调查又称证明材料核查,是指通过咨询应聘者之前的上司、曾受教育机构、推荐人等对象,核查应聘者背景资料和证明材料等的真实性和有效性的方法。

一、背景调查的基本目的

一份彻底的员工背景调查报告,可以为用人单位节省不必要的花销,规避用人风险,减少用人单位招聘和培训等的相关费用,更重要的是可以为用人单位选用可靠的人才,避免对用人单位和客户造成损失,从而促进用人单位产生更大的效益。

概括来说,背景调查对用人单位的价值表现为:提高甄选效率,筛除有虚假信息的候选人;优化人员配置,全面了解应聘者的素质与能力;规避用工风险,降低成本。

二、背景调查的主要职位

(一) 涉及资金管理的职位

出于对资金安全的考虑,用人单位会对涉及资金管理职位的人员进行背景调查,如会计、出纳、投资,以了解这些准员工的工作能力和诚信状况。

(二) 涉及核心技术秘密的职位

核心技术秘密关系到用人单位的生存,一旦被竞争对手窃取,企业就会出现生存危机。所以,用人单位招聘如研发部的工程师、技术人员时都会非常谨慎,宁可花费一定资金对拟录用者进行背景调查,也要确定其可靠程度。

(三) 部分中高层管理职位

运营总监、销售总监、战略管理总经理这些职位主要涉及用人单位的运营战略,用人单位的运营方向、核心客户资源都掌握在这些职位人员手上,如果这些职位发生变动,整个资金链或者运营层面都会受到极大影响。所以,大多数用人单位都会对中高层管理职位拟录用者做背景调查。

三、背景调查的基本内容

(一) 证件类信息

证件类信息包括身份证、学位证等。证件类信息通过国家官方途径或发证相关机构查询,一般情况下,证件类信息的调查周期相对较短,只需要一到三个工作日。

(二) 职场表现类信息

职场表现类信息包括工作经历、工作能力等信息。职场表现类信息会通过和候选人过去的上司、同事及下属进行沟通,综合评价候选人的工作能力。

(三) 个人信用类信息

个人信用类信息包括信用记录、商业利益冲突等信息,此类调研一般对中高层职位员工进行。个人信用类信息的取证较为烦琐,背景调查机构一般通过各大金融机构以及工商部门查询。背景调查的内容根据岗位和用人单位要求来决定,一般来说岗位等级越高,背景调查的项目就越多。

职场表现类和个人信用类的背景调查,由于需要与多人进行访谈,从而对候选人进行全方位的了解,因此一般时间会长一些,需要三到五个工作日。

四、背景调查的基本方式

(一) 用人单位背景调查

用人单位背景调查是指用人单位的人力资源部门负责开展调查工作,其可能调查的手段以及维度有限，只能通过学信网等渠道查验学历、证书的真假等。另外，也可以通过候选人留的雇主信息，打电话给之前的上下级与人力资源部门。如果调查者的人脉圈比较广泛，则可以自主寻找企业的联系人，从侧面验证候选人的信息真实度。

（二）猎头公司背景调查

猎头公司背景调查获得的结果水分会较大，因为很多的猎头公司和候选人利益是相同的，很容易出现猎头公司帮候选人进行简历美化的现象。一般不推荐采用这种方式，除非猎头公司信誉非常好。

（三）第三方背景调查公司

第三方背景调查公司是指由候选人授权后，经专业的第三方背景调查公司进行操作。这种方式的优点是没有侵权的风险，调查结果全面且准确，缺点是需要付费，很多小型企业不愿意付这笔钱。

材料研讨

K公司在刚刚起步时，曾在报纸上公开刊登向社会招聘高级技术管理人才的广告。一周内就有200余名专业技术人员前来报名，自荐担任K公司的经理、部门主管、总工程师等。K公司专门从某大学聘请了人力资源管理方面的专家组成招聘团，并由总裁亲自参与招聘流程。随后，招聘团对应聘者进行了笔试、面试等选拔测试，挑选出一批优秀的人才。这次向社会公开招聘人才的尝试，给K公司带来了新的生机和活力，使其迅速发展成为当地知名的公司。

随着知名度的迅速提高，K公司开始从组织内部寻找人才。公司决策层认为，寻找人才是非常困难的，但是组织内部机构健全，管理步入正轨，大家明白应该做什么，单位主管有知人之明，人才自然会被挖掘出来。基于这个思想，每当人员缺少的时候，K公司不是立即对外招聘，而是先看本公司内部的其他部门有没有合适的人员可以调任。如果有，先在内部解决，各个部门之间可以进行人才交流，只要是本部门需要的人才，双方部门领导同意就可以向人力资源部门提出调动申请。

思考：随着知名度越来越高，K公司为什么优先从组织内部寻找人才？如果运用外部招聘，企业如何提高背景调查的质量？为什么？

一、背景调查的流程

（一）取得被调查人员的授权

如果需要启动背景调查程序，用人单位必须让被调查人知情，让相关人员做好相应准备，并告知被调查人员需查的内容。

（二）人力资源部门或第三方公司调查

取得被调查人员的授权后，用人单位根据自身实际，由人力资源部门或委托的第三方公司围绕背景调查的要求和内容，运用特定的方式方法，多方面核实预聘员工的教育背景、工作经历、个人信用等背景信息，保证信息来源可靠、真实有效。

（三）形成背景调查报告

结合用人单位的背景调查目的，按照背景调查方案的要求，人力资源部门或委托的第三方公司对此次背景调查的信息进行认真处理，撰写最终的调查报告，为人员录用决策提供有价值的信息。

（四）付费并做好工作总结

如果利用第三方公司提供背景调查服务，根据合作协议，用人单位需要及时支付费用。同时，针对此次背景调查，人力资源部门需要做好总结，巩固阶段性成果，为持续改善背景调查工作提供依据。

二、背景调查的注意事项

（一）限定要调查问题的范围

主要对求职者的工作情况进行调查，对无关的内容，特别是涉及个人隐私的问题，要坚决避免。

（二）熟悉被调查人员的详细资料

背景资料可以有不同的来源：权威数据源并合法授权使用；必须具备被核查人的相应授权；来自校方的推荐材料；有关原来工作情况的介绍材料；关于申请人财务状况的证明信；关于申请人所受法律强制方面的记录；来自推荐人的推荐材料；面试者的简历等。

（三）从工作伙伴处获得信息

应该优先选取求职者的前上司或同事进行调查，这些人与求职者有更多的工作接触，对求职者的品行、能力、工作态度有更深入的了解，应从不同角度核查，保证效度。

（四）对在职人员调查要特别谨慎

用人单位进行背景调查，会对其他单位的人才管理造成一定影响。要围绕调查方案，本着专业精神，从行业人员合作角度开展调查工作，也可以通过相关单位的离职人员去了解。

（五）灵活处理背景调查中的异常问题

背景调查过程中可能会出现各种阻力。如果觉得对方有意回避某些问题时，相关人员仍然应该诚恳地告知对方，背景调查是希望确定录用决策对于用人单位和求职者都是最合适的选择。同时，采用何种方式进行调查，应该视情况而定，灵活运用，不必拘泥一种形式，以保证背景调查的质量。

（六）与其他甄别手段结合使用

背景调查并不是万能的，错误和失真有时难以避免。将背景调查和其他甄别手段相结合，有助于提高录用决策的有效性。

与接受调查的人沟通交流时，必须清楚地表明身份及来意，明确告知对方目的所在，让对方确定背景调查内容是绝对保密的。同时，应告诉对方候选人目前所应聘的是哪一项职务，以便让对方可以就事论事进行评论。

在实际操作过程中，背景调查可用的工具如表 8-4 所示。

表 8-4 背景调查表

应聘职位		姓名		调查日期	年 月 日
调查单位信息（1）	单位名称/网址			联系电话	
	人力资源部门联系人/电话			业务部门联系人/电话	
调查主要内容（1）	工作岗位是否相符	□是	□否，请说明：		
	工作起止时间是否相符	□是	□否，请说明：		
	主要岗位职责是否相符	□是	□否，请说明：		
	与同事（含上下级）关系相处如何	□非常好 □很好 □一般 □不好 □较差			
	是否有劳动争议	□否	□是，请说明：		
	是否有竞业限制协议	□否	□是，请说明：		
	工作能力及业绩	□优秀 □良好 □一般 □不合格 □较差			
	岗位专业知识及技能	□优秀 □良好 □一般 □不合格 □较差			
	管理水平	□优秀 □良好 □一般 □不合格 □较差 下属人数：			
	工作态度	□优秀 □良好 □一般 □不合格 □较差			
	工作效率	□较高 □一般 □慢			
	总体评价	优势：			
		不足之处：			

调查主要内容（1）	有无不良记录（如较严重违纪或过失）	□无	□有，具体事例为：		
	个人品格评价	□良好	□一般 □较差	表现为：	
	您愿意再次与他/她共事吗	□愿意	□不愿意	原因：	
	离职原因			薪资情况	
	特别补充说明				
调查单位信息（2）	单位名称/网址			联系电话	
	人力资源部门联系人/电话			业务部门联系人/电话	
调查主要内容（2）	工作岗位是否相符	□是	□否，请说明：		
	工作起止时间是否相符	□是	□否，请说明：		
	主要岗位职责是否相符	□是	□否，请说明：		
	与同事（含上下级）关系相处如何	□非常好	□很好 □一般	□不好	□较差
	是否有劳动争议	□否	□是，请说明：		
	是否有竞业限制协议	□否	□是，请说明：		
	工作能力及业绩	□优秀	□良好 □一般	□不合格	□较差
	岗位专业知识及技能	□优秀	□良好 □一般	□不合格	□较差
	管理水平	□优秀 下属人数：	□良好 □一般	□不合格	□较差
	工作态度	□优秀	□良好 □一般	□不合格	□较差
	工作效率	□较高	□一般 □慢		
	总体评价	优势：			
		不足之处：			
	有无不良记录（如较严重违纪或过失）	□无	□有，具体事例为：		
	个人品格评价	□良好	□一般 □较差	表现为：	
	您愿意再次与他/她共事吗	□愿意	□不愿意	原因：	
	离职原因			薪资情况	
	特别补充说明				

任务四 入职管理

理论学习

一、薪酬谈判

薪酬谈判主要有两个目的：其一，吸引与激励人才，即薪酬谈判的结果要体现招聘职位与人才的市场价值；其二，保证内部员工的公平，即薪酬谈判的结果要体现该职位与人才在企业内的相对价值。这两点是薪酬谈判的出发点，用人单位必须把握好两者的平衡，具体可从以下方面着手进行薪酬谈判。

（一）要参考同行业相关职位的薪酬水平来确定薪酬

人力资源部门要时刻关心与了解市场薪酬信息。如果在本企业某些职位的薪酬水平已远远低于市场平均水平的情况下，坚持要求谈判人员以企业的标准去进行薪酬谈判，会导致薪酬一提出来就被应聘者拒绝，或者经过一轮"拉锯战"后接近市场水平，但是应聘者已经在薪酬谈判的过程中产生很大的挫折感，对企业也丧失了原有的信任与信心，最终不选择入职。

（二）要体现候选人本身的市场价值

如果候选人经验丰富、能力很强，薪酬水平应相应提高，反之则适当降低。如何科学衡量人才的市场价值，可以分成两个阶段：一是在员工入职之前，通过面试及甄选的过程实现，这个过程的实质就是评价应聘者与岗位匹配程度，如果求职者勉强可以任用，不过还不太满意，则薪酬可低一些，如果求职者的综合素质已经超出任职要求，可完全胜任该工作，则薪酬可高一些；二是员工入职之后，可根据实际表现进行调整。

（三）符合用人单位的整体薪酬体系

用人单位要招聘的是合适的人才，意味着薪酬待遇要合适。招聘人员需要维护薪酬体系的稳定性，避免对内部员工造成较大冲击。因此，招聘人员要掌握主动权，积极地影响候选人接受公司的薪酬体系，让候选人认识到本企业的管理理念与原则，重才而不迁才，明确告知候选人哪些事情是企业可以满足的，哪些是不能满足的，这样才能确保人才真正融入企业，能认可企业的管理机制。

（四）根据离职或在职状态灵活谈判

薪酬谈判是用人单位与应聘者的一种心理博弈过程，用人单位需要在有效控制人工成本的同时，提高招聘后期薪酬谈判的成功率。对于已离职的人员，因为工作选择余地偏小，并且有较大的时间与经济压力，其求职目标更倾向于"保级"，其心理预期是寻找"相对平衡感",即与前一工作差不多。因此,定薪原则为比原薪酬略低、持平或略高,按原薪酬的-10%～+10%定薪即可。对于尚在职的人员,因为其有着更多的可选择性,也没有时间的压力,其求职目标更倾向于"晋级",其心理预期是寻找"相对溢价感",即薪酬要明显高于目前工作。因此,定薪原则为与原薪酬持平、略高或明显高于原薪酬,按原薪酬的0%～+30%定薪即可,特殊情况还可适当上浮。

二、发放入职录用通知

(一)准备工作

准备好录用通知书后,在正式发放之前,还需要对以下方面做最后的准备和检查。

1. 招聘重要岗位方面

对于重要岗位,企业在发出录用通知前,需要对候选人进行背景调查,这样可以帮助企业避免很多之前没有意识到的问题和麻烦。

2. 回复时间方面

明确要求候选人在指定时间内书面回复是否接受,并规定如未在指定期限回复,则录用通知失效。

3. 入职体检方面

如果企业对员工的身体健康状况要求比较高,应当注明只有在企业书面确认体检合格后,录用通知才能生效。

4. 入职引导方面

企业可以把入职手续、入职引导等各事项以正式邮件形式表达清楚,方便入职者做好准备、参照执行。

5. 不予录用方面

明确列出企业不予录用的情况,如简历有虚假成分、未按约定日期报到或体验不合格等情况,力求客观、真实、坦诚。

6. 企业形象方面

在录用通知中,友善对待每一位候选人,增加有关企业文化宣传的内容,提升企业品牌形象。

(二)主要内容

一份完整的录用通知一般包含以下内容。

1. 职位基本信息

职位基本信息包括职位名称、所在部门、职位等级等内容。

2. 薪资福利情况

薪资福利情况包括岗位薪资构成(基本工资、绩效工资、年终奖等)、试用期薪资、福利状况等。

3. 入职报到事宜

入职报到事宜包括报到时间和地点、报到需要携带的资料、联系方式等。

4. 其他说明

其他说明一般包含回复通知的形式、企业培训与职业发展等补充说明。

在录用通知中,关键的录用条件、薪资待遇等条款要清楚无异议,不允许出现模棱两可的情况,否则就是一种失责行为。

(三)发放形式

作为一种正式的要约,一般要求录用通知以书面形式并加盖企业公章或人力资源部门公章的形式发出,可以使用正式信函或电子邮件发送录用通知。求职者一旦收到了录用通知,按照要求予以了回复(邮件回复或签字回传等),就代表认可并接受了该录用通知。

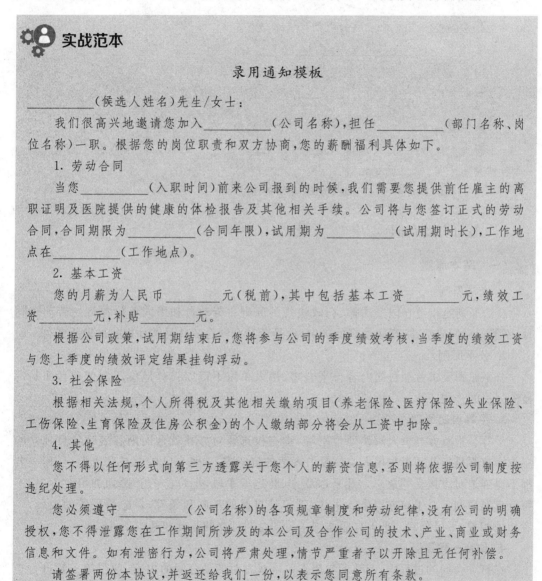

实战范本

录用通知模板

_____(候选人姓名)先生/女士:

我们很高兴地邀请您加入_____(公司名称),担任_____(部门名称、岗位名称)一职。根据您的岗位职责和双方协商,您的薪酬福利具体如下。

1. 劳动合同

当您_____(入职时间)前来公司报到的时候,我们需要您提供前任雇主的离职证明及医院提供的健康的体检报告及其他相关手续。公司将与您签订正式的劳动合同,合同期限为_____(合同年限),试用期为_____(试用期时长),工作地点在_____(工作地点)。

2. 基本工资

您的月薪为人民币_____元(税前),其中包括基本工资_____元,绩效工资_____元,补贴_____元。

根据公司政策,试用期结束后,您将参与公司的季度绩效考核,当季度的绩效工资与您上季度的绩效评定结果挂钩浮动。

3. 社会保险

根据相关法规,个人所得税及其他相关缴纳项目(养老保险、医疗保险、失业保险、工伤保险、生育保险及住房公积金)的个人缴纳部分将会从工资中扣除。

4. 其他

您不得以任何形式向第三方透露关于您个人的薪资信息,否则将依据公司制度按违纪处理。

您必须遵守_____(公司名称)的各项规章制度和劳动纪律,没有公司的明确授权,您不得泄露您在工作期间所涉及的本公司及合作公司的技术、产业、商业或财务信息和文件。如有泄密行为,公司将严肃处理,情节严重者予以开除且无任何补偿。

请签署两份本协议,并返还给我们一份,以表示您同意所有条款。

前来报到时,请带齐以下个人材料:

(1)身份证、毕业证、学位证及相关资格证书原件;

(2)市级以上公立医院入职体检结果及费用发票;

(3)原工作单位的离职证明;

（4）两张一寸彩色免冠照片；

（5）＿＿＿＿＿＿银行借记卡；

（6）社保和公积金卡。

最后，我们很高兴地欢迎您加入＿＿＿＿＿＿（公司名称）！

（公司名称）

（发送时间）

我知悉并接受以上录用通知书的所有条款。

签名：＿＿＿＿＿＿＿＿＿＿＿＿＿＿＿＿＿

日期：＿＿＿＿＿＿＿＿＿＿＿＿＿＿＿＿＿

身份证号：＿＿＿＿＿＿＿＿＿＿＿＿＿＿＿

自录用通知发出之日起，需要您在 7 日内签字回传确认，逾期将视为您放弃。

录用通知是否生效，最终以您在市级以上公立医院所做的入职体检结果为准。如体检结果不合格，录用通知无效。

如您未提供真实的个人信息，录用通知无效。

三、签订劳动合同

（一）基本原则

1. 合法原则

合法原则是指遵守国家法律、行政法规的原则。劳动者和用人单位在订立劳动合同时，不能违反国家法律、行政法规的规定，这是劳动合同有效并受法律保护的前提条件。

2. 公平原则

公平原则要求劳动合同内容公平合理，用人单位不得以强势地位压制劳动者而制定显失公平的合同条款。

3. 平等自愿原则

平等是指双方当事人法律地位平等，都有权选择对方并就合同内容表达各自独立的意志。自愿是指劳动者与用人单位自由表达各自意志，主张自己的权益和志愿，任何一方都不得强迫对方接受其意志。凡采取欺诈、胁迫等手段，把自己的意愿强加给对方，均不符合自愿原则。对于双方当事人来讲，平等是自愿的基础和条件，自愿是平等的表现，二者相辅相成、不可分割。平等自愿原则是劳动合同订立的基础和基本条件。

4. 协商一致原则

在订立合同的过程中，劳动者与用人单位双方对劳动合同的内容、期限等条款进行充分协商，达到双方对劳动权利、义务意思表示一致。只有协商一致，合同才能成立。

5. 诚实信用原则

用人单位和劳动者在订立劳动合同时要诚实守信，不得隐瞒欺诈。根据《劳动合同法》第八条的规定，用人单位招用劳动者时，应当如实告知劳动者工作内容、工作条件、工作地点、职业危害、安全生产状况、劳动报酬，以及劳动者要求了解的其他情况；用人单位有权了解劳动者与劳动合同直接相关的基本情况,劳动者应当如实说明。

(二)主要内容

按照《劳动合同法》第十七条的规定,劳动合同应当具备以下条款:

(1)用人单位的名称、住所和法定代表人或者主要负责人;

(2)劳动者的姓名、住址和居民身份证或者其他有效身份证件号码;

(3)劳动合同期限;

(4)工作内容和工作地点;

(5)工作时间和休息休假;

(6)劳动报酬;

(7)社会保险;

(8)劳动保护、劳动条件和职业危害防护;

(9)法律、法规规定应当纳入劳动合同的其他事项。

劳动合同除前款规定的必备条款外,用人单位与劳动者可以约定试用期、培训、保守秘密、补充保险和福利待遇等其他事项。

材料研讨

对于用人单位而言,即使招聘前期的各项工作很扎实,但若候选人在入职后流失,之前的所有工作也都是徒劳的。

关于新员工流失原因的调查表明,正常情况下,新员工入职后 1 个月内流失,和招聘人员的关系比较大;入职后 3 个月内流失,和直接上司的关系比较大;入职后 6 个月内流失,和企业文化的关系比较大。因此,用人单位需要针对新员工的具体离职原因,采取针对性的策略,加强新员工入职管理,以不断提高人才招聘质量,持续提升自身竞争力。

思考:在你看来,新员工离职的原因有哪些? 用人单位应如何加强新员工的入职管理? 为什么?

_____

_____

_____

_____

方法学习

一、提升薪酬谈判成功率

(一)了解候选人的决策心理

招聘是一种双向选择,用人单位提供各种测评手段来筛选合适的候选人,候选人也会通过各种途径来对相关的工作机会进行评估。如果用人单位期望成功地招募到最佳候选人，就必须了解候选人的决策流程，这样才可能促进彼此合作。在具体招聘活动中，候选人不仅会从各种渠道收集用人单位和岗位的相关信息，也会寻求各种途径予以验证自己的判断。候选人也许不太了解岗位真实的一面，如果面试能给候选人创造很好的求职体验，就能让其相信这是一个不错的工作机会。如果候选人对工作机会产生了信任甚至期待，那么候选人在谈判中就会心甘情愿地接受一定程度的让步。

（二）注重与候选人的最初接触

在招聘甄选时，用人单位是否认真考虑过与目标候选人的第一个接触点？在与候选人的最初接触中，是否能够让候选人感觉到这就是自己想要的工作机会，而且值得信赖？要提升薪酬谈判成功率，就要注重与候选人的最初接触，完善企业官网，梳理企业信息在互联网上的呈现，进行舆情监测，开展目标候选人画像，初步了解候选人的需求以及薪酬谈判接受标准，重塑工作说明书及招聘信息，积极提高公司和岗位在目标候选人群体中的曝光率，优化求职申请的流程和体验……这一系列的操作对用人单位招聘人员的要求非常高，有些甚至超出了传统招聘人员的职责范围，但是这对候选人的求职体验以及最终接受入职申请非常有帮助。如果做不好这些工作，薪酬谈判就会变成一场艰辛无比的战役。

（三）促进候选人进行积极评估

当候选人看到用人单位的招聘信息，并且产生了兴趣，通常会先在网上检索一下用人单位的基本信息，觉得满意就会应邀参加面试，评估用人单位情况和岗位工作内容。招聘人员需要提供符合甚至高于候选人预期的招聘体验，梳理候选人有兴趣的内容，以削减薪酬对候选人是否接受入职的影响。建议选择懂业务、能够代表公司形象且掌握一定营销技巧的人员担任面试官，以便把企业的优势和卖点准确地传递并打动每一位候选人。

（四）在候选人进行入职决策时干预

确定最终入围名单后，候选人将根据企业给出的条件，决定是否接受这个工作机会。薪酬谈判人员可以先从较低的价位谈起，测试所有的薪酬福利组合，试探候选人可以接受的底线，然后进行调整。在互动过程中，薪酬谈判人员既要表现出对候选人的认可，以及为促成合作所付出的努力，又要说明用人单位的底线。必要时，也可以考虑给候选人一定的压力，比如告诉候选人用人单位也在考虑其他人选，督促候选人尽快做出入职决策。如果候选人还是拿不定主意，可以通过其他方法提升谈判的成功率，如面对面沟通、当天就提供工作机会、预付一定的薪酬、高管亲自邀约、来自同事的邀请等。当用人单位与候选人通过口头协议达成一致，并完成了背景调查后，用人单位才会正式出具书面的录用通知。录用通知要标明谈判敲定的所有细节，让候选人确认。用人单位收到确认回执后，招聘才算正式完成。

二、新员工入职流程

（一）入职准备

新员工入职前 1~2 天，人力资源部门应做好以下准备工作。

（1）向合格者发送录用通知书。

（2）告知新员工对应事项，内容包含确认新员工报到日期，明确报到的注意事项及所需资料等。

（3）告知相关部门对应事项，内容包含通知相关人员新员工报到日期，准备好新员工入职手续办理所需表单并负责依据新员工入职通知单内容落实各项工作。同时，用人部门负责安排办公位、申领办公设备等，行政办负责发放办公用品，信息组负责开通邮箱、账号、调试设备等。

（4）做好新员工入职引导准备。人力资源部门应通知用人部门做好新员工入职引导工作，包括介绍本部门人员、工作相关指导、流程介绍以及具体工作内容。由新员工所在部门为其准备一位"入职引导人"。

（二）入职报到

1. 人力资源部门负责的工作

（1）请新员工填写应聘登记表并交验证件。新员工需要交验各种证件，包括：一英寸免冠照片；身份证原件；学历、学位证书原件（学生提供学生证原件）；资历或资格证件原件；与原单位解除或终止劳动合同的证明；体检合格证明。

（2）与员工签订劳动合同（保密协议等）。

（3）建立员工档案。

（4）介绍用人单位情况。

（5）将新员工引导至用人部门。

（6）在 OA 网上发布信息并更新员工通讯录。

2. 用人部门负责的工作

（1）为新员工安置工位（介绍并帮助熟悉工作环境）。

（2）安排专人作为新员工的"入职引导人"。

（3）介绍岗位职责和工作流程。

（三）入职培训

新员工入职培训非常重要，具体包括以下三项内容。

1. 熟悉企业情况

组织新员工培训，让新员工了解企业业务、发展情况、未来战略等信息，增强荣誉感。

2. 熟悉规章制度与岗位要求

组织新员工参加企业制度和岗位技能培训，如人力资源管理制度、报销制度、岗位职责、操作规范和职业操守等，让新员工迅速掌握岗位技术技能，适应工作职位要求，加快融入新团队。

3. 熟悉企业文化

定期举行由企业管理层进行的企业文化、各部门职能与关系等方面的培训。

（四）转正评估

转正是指非正式成员变成正式成员，如试用期员工结束试用期，转为企业的正式员工。转正是对试用期员工的一次工作评估，也是企业优化人员配置的重要组成部分。对

于转正,企业应该注意以下几个方面。

1. 正确认识转正的价值

转正对新员工来说是一种肯定与认可,转正考核流程的良好实施,可以为员工提供一次重新认识自己及工作的机会,可以帮助新员工自我提高,不断提升自我发展能力。

2. 做好转正评估

新员工实习期满时,由人力资源部门安排进行转正评估。新员工对自己在试用期内的工作进行自评,其工作表现主要由用人部门负责人对其进行评估。用人部门负责人的评估结果将对该员工的转正起到决定性的作用。最终,经过人力资源部门按照对应程序审批,并办理有关手续。

3. 关注无法按期转正的员工

对于无法顺利转正的新员工,人力资源部门要和用人部门做好对接和沟通,按照不同的情形,从新员工成长和发展的角度妥善对待,如延长试用期、加强培训、调整入职引导人、转岗、辞退等。

(五)入职结束

根据新员工入职流程检查清单的要求,落实各项工作,于试用期结束时,将各种试用期资料整理后,由人力资源部门归档并做好阶段性入职工作总结,持续改进并提高新员工入职质量。新员工入职流程检查清单如表 8-5 所示。

表 8-5　新员工入职流程检查清单

阶段	类别	序号	事　　项	完成情况
入职前	准备工作	1	确认并提醒入职的时间、地点、交通及着装	
		2	准备新员工的简介,方便团队成员了解	
		3	了解新员工的办公设备需求(计算机或其他)	
		4	设置新员工的办公邮件地址,加入企业的目录中	
		5	将新员工的邮箱加入关联邮箱列表中	
		6	开通新员工所需的系统、工具和平台的账户	
		7	规划定期的会议,并将新员工纳入部门会议中,帮助其融入	
		8	设置入职后第一周的日程表,并让新员工知晓	
		9	规划并安排相关的培训课程	
		10	在入职后前两天安排一个团队午餐,正式介绍新员工	
		11	规划新员工入职后的第一项任务	
	办公环境	1	规划并清理新员工的办公区域	
		2	配置好新员工的办公设备	
		3	准备好办公电话、门禁卡、铭牌、打印机访问口令及欢迎包	
入职第一天	基础工作	1	与部门其他同事一起,完成新员工的入职手续	
		2	向企业/部门员工发布新员工的入职公告,包括新员工的基本信息、所属部门、办公地点等	
		3	向新员工介绍同事,尤其是工作上联系比较紧密的同事	
		4	向新员工介绍如何使用视频会议系统以及如何预定会议室	
		5	向新员工介绍如何访问或下载计算机程序、系统或服务器	
		6	告知新员工如遇到计算机设备问题,该如何获得技术支持	
		7	向新员工介绍企业的发展情况及资质荣誉	

阶段	类别	序号	事 项	完成情况
入职第一天	基础工作	8	提供企业附近的餐厅列表	
		9	安排新员工和团队的核心成员共进午餐	
	办公室之旅	1	洗手间	
		2	打印机、复印机和传真机	
		3	休息室、茶水间	
		4	办公用品领取处、急救包	
	工作安排	1	明确新员工本周的工作安排及所需的培训	
		2	重新回顾公司愿景及目标、该岗位的职责及预期	
		3	重新回顾内部流程及工作流	
		4	向新员工解释日常的绩效考核项及目标设置	
		5	给新员工一个初步的任务安排及完成期限	
入职第一周		1	提供一个清单,里面包含有用的入职资料、产品信息与路径图、行业研究、竞争对手分析、品牌素材、内部流程文件等内容,按优先级进行排序,以便新员工在业余时间进行学习了解	
		2	安排入职培训课程	
		3	每日检查入职培训的相关内容,并展开讨论,答疑解惑,弥补信息传递上的缺失和不足	
		4	为新员工安排导师,负责解答新员工在工作生活上的疑问,带领新员工熟悉和融入	
		5	给新员工一个初步的任务安排及完成期限	
入职第一月		1	为新员工指派其他任务,包括更大的计划完成路径图	
		2	设定绩效预期,并确保每个月都能为新员工提供月度工作绩效的反馈	
		3	安排其他阅读计划,如行业或工作相关书籍	

三、新员工入职引导技巧

(一)强调企业文化

要想使新员工对企业有充分的了解,对自己所处的环境有充分的认知,不仅要依靠其自身感知,更重要的是从老员工处学习,这甚至会影响其去留意向。为了避免新员工认知上的偏差,人力资源部门应正确地宣传企业文化。

(二)帮助熟悉同事和工作环境

来到一个新的工作环境,陌生感一定会在新员工心里造成一定的压力,如果能够营造一种轻松的环境,带领他熟悉每个同事,介绍一些基本的注意事项,如同事的通信联络方式、企业的请假制度、工作时间等,便能够通过轻松的交流氛围增强工作舒适感,让新员工尽快融入新的工作环境。

(三)与新员工一起规划职业发展

新入职的员工最关心的是职业发展前景。和用人部门负责人直接交流,是有效让新员工认可自己职位的方法。人力资源部门需要为新员工和用人部门负责人搭建桥梁,共同规划职业发展,让新员工感到安心,跟随企业的步伐不断成长。

（四）安排入职引导人

开始一份新的工作总是不易的,新员工通常会对新的工作内容陌生,不了解如何入手,不知道应该怎么做。这时如果不加以适当引导,很有可能会打消新员工的工作积极性,使其对工作产生怀疑。此时,新员工最需要有熟悉工作的人正确引导。

（五）增进试用期的沟通

在一个新的环境中,新员工有更多陌生感,主动交流意识弱,很难直接去接触周围的人,且工作中遇到问题茫然无措。人力资源部门和用人部门需要创造更多机会与新员工沟通。比如,主管能抽出中午的时间和新员工结伴吃饭,下班时询问新员工的感觉,工作一周后坐下来面谈工作进展,工作一个月后进行阶段性试用小结,借以了解情况,及时发现问题,积极干预并帮助改善现状,提高新员工的满意度,促进其更好更快地融入新环境。

（六）做好招聘工作

新员工入职是招聘工作的尾声,而招聘工作是入职流程的开始。新员工流失,很大程度上都是因为招聘工作做得不够好。招聘目标是找到同时满足能力匹配、动机匹配和文化匹配的候选人。这个候选人应不仅能够胜任岗位工作,还要适应企业文化。但是企业有时候过于看重候选人是否优秀(能力匹配),而忽视了其是否合适(动机匹配和文化匹配)。

此外,为了吸引候选人,在招聘过程中,招聘人员也容易"过度销售",将公司吹得天花乱坠,导致候选人对公司产生过高的期望值。当真正加入公司后,发现实际情况并不相符,这时候候选人就会选择离开。做好招聘工作,为岗位找到合适的候选人,同时和候选人讲清楚未来工作中可能遇到的困难和挑战,帮助候选人设置合理的工作预期,是构建合理入职流程的第一步。

四、减少新员工流失

（一）新员工流失的原因

新员工流失是由多方面的原因造成的。用人单位总希望招到能力、动机和文化都匹配的候选人,现实中不匹配的情况却很多。在初期甄选、面试、录用和入职等环节,用人单位相关人员可能存在以下问题。

1. 招聘需求理解不足

一些企业在启动招聘时,没有搞清楚招聘新员工的目的到底是什么,以及短期内新员工的工作目标是什么,考核方式如何,工作规范性怎么样。这些方面的认识不到位,自然会导致招聘出现偏差,最终会引起新员工流失。

2. 面试模式不合理

标准的面试流程是面试官初试后,由用人部门负责人或招聘团队复试,然后由相关人员或评价小组做出录用决策。但是很多企业没有固定的面试流程,只是把候选人约来闲聊几番,觉得合适就直接录用了。如此面试,必然会面临新员工流失的风险。

3. 面试官胜任力不强

一般建议让责任心强、熟悉招聘岗位、经验较为丰富的员工担任面试官,如果用人部门负责人自身对企业文化或制度还不了解,就会降低招聘质量,进一步导致新员工素质参差不齐。

4. 录用决策不规范

有些企业的面试官和用人部门负责人面试完候选人后,就直接做出录用决策,而无须经过更高层级人员审核,这也会为新员工流失埋下伏笔。

5. 入职管理不严谨

还有些企业缺乏规范的入职流程,认为新员工经过步步甄选,应该有一定的胜任能力,因此不用加以培训和引导,导致工作交流、部门协作和工作效率大打折扣,最终新员工只能一走了之。

(二)减少新员工流失的对策

新员工流失不仅会浪费招聘资源,还会对企业品牌和团队氛围造成消极影响。减少新员工流失,主要有以下措施。

1. 重视招聘需求分析

减少新员工流失最有效的办法就是招募到合适的人。在招聘前期,用人单位应重视招聘需求分析,深刻理解为什么需要启动招聘活动,在工作说明书中精准描述工作职责和任职条件,并运用对应的招聘渠道发布招聘信息,吸引符合条件的候选人。

2. 改善招聘流程

为保证招聘工作规范有序地进行,用人单位应结合发展实际,认真梳理招聘流程,针对不同的招聘岗位和不同的甄选环节,选择合适的甄选测评工具和方法。尤其在面试甄选过程中,面试官要运用与工作岗位相关的标准来评估每一位候选人。结构化面试、角色扮演或工作样本测试都是效果不错的评估手段。此外,人力资源部门要做好候选人的资格审查和背景调查,在核实候选人信息后,再做出录用决策。

3. 做好入职规划

利用好新员工入职的第一天,用良好的入职体验留住新员工的心。比如,为新员工准备一个热烈的欢迎仪式,唤起新员工对新工作的热情;为新员工准备好所需的所有工具,并提供相关的学习资料,以便新员工迅速了解自己的角色;安排符合企业文化特色的团队建设活动,帮助新员工快速融入团队。此外,更为重要的是,人力资源部门要做好持续跟进工作,为新员工做好职业发展辅导和规划。比如,定期和新员工见面,了解最近工作进展以及是否遇到困难,随时解决问题。如有必要,及时给新员工安排一位入职导师,进一步促进新员工的发展和成长。

4. 与用人部门协作

减少新员工流失,仅靠人力资源部门的力量是不够的,还需要用人部门大力支持。例如,在招聘初期,用人部门应介入候选人招募甄选工作,以充分发挥业务甄别优势;新员工入职后,要为其安排有意义的工作,在让新员工一展所长的同时,及时关注、不断反馈,进行高质量的入职指导,帮助新员工适应新环境,顺利完成工作目标,不断增强新员工在新

岗位上取得成功的信心。

5. 营造健康的工作场所

企业需要不断传递积极工作的信心，营造良好的工作环境。良好的工作环境包括具有公平性和包容性的企业文化，以及具有吸引力的员工成长和福利体系。当然，这些方面需要和企业管理层协商，需要更多人一起努力。如果企业变得越来越适宜工作，新员工也会逐渐打消离职的念头。

实战范本

新员工入职引导

_____先生/女士：

真诚欢迎您加入×××大家庭，并衷心希望您能喜欢我们大家庭中的每一员，携手共创一个和谐融洽的工作家园！为了帮助您更快地熟悉新的工作环境，我们特意为您准备了《新员工入职引导》，它会成为您踏上新工作岗位的好帮手。

您的人力资源部门入职引导人_____。

您的本部门入职引导人_____。

一、入职网络信息

1. 请添加您部门入职引导人微信，微信号码：_____。

2. 公司网址：_____。

3. 企业邮箱登录地址：_____。

4. 您的邮箱用户名：_____@_____，初始密码：_____。

5. 公司主要 Wi-Fi：_____，密码：_____（因公司办公范围较大，有其他 Wi-Fi 信号源，新员工可根据自己办公位置选择不同信号源，具体详询行政部）。

二、办公室日常事务联系人

如果您对工作或其他事务有任何困扰或疑问，您可咨询部门负责人，也可与人力资源部门联系，我们将很乐意与您进行坦诚的沟通和交流。办公室日常事务联系人及主要职责如下。

1. 人力资源总监：_____。

2. 行政经理：_____。

3. 财务经理：_____。

4. 薪酬绩效、五险一金：_____。

5. 办公用品领取：_____。

6. 会计：_____。

7. 出纳：_____。

三、照片收集

请提供一张 1 英寸电子版职业照和一张电子版生活照（照片阳光俊美一些更好）给行政前台。

四、考勤规定

1. 本公司实行线上考勤制度,请于入职当日下载线上考勤办公软件(移动端)注册,具体考勤办法详见《考勤管理规定》;并请到前台办理门禁指纹录入。

2. 公司每天上下班的时间为上午_____至下午_____。

3. 外出办公需通过线上考勤办公软件填写外出申请,未打卡需到行政前台处填写考勤异常登记表。

五、工资发放、福利等相关事宜

1. 工资核算周期:每月 10 日为公司发薪日,核算周期是上月____日至____日,按国家规定计算个人所得税。

2. 工资咨询:员工可发邮件到_____处,申请工资条;日常工资卡内资金查询,可以通过电话银行、网上银行自行查询。

六、社会保险及住房公积金相关事宜

1. 社会保险和住房公积金(社会保险包括养老、医疗、工伤、生育、失业五险),按员工归属地的当地政策进行办理。

2. 配合相关部门的操作时间,如果您的入职日期是 15 日(含)之前,公司将在您入职当月为您办理社会保险和住房公积金;如果入职日期在 15 日之后,公司将在您入职次月为您办理社会保险和住房公积金。

七、周汇报制度

公司实行周汇报制度,汇报的模板请向部门负责人索取。

八、公司通信地址

公司全称:_____ 有限公司。

总机电话:_____。

分机号查询方式:点开座机免提键,按_____查询。

办公地点:_____。

欢迎您的加入!

五、签订劳动合同的流程

(一)审查新员工的主体资格

在签订劳动合同前,用人单位有必要了解并核实新员工的年龄、学历、资历、是否与其他用人单位仍有未到期的劳动合同、是否与其他用人单位签订有未到期的竞业约束协议等基本信息,以确保新员工的主体资格合法有效。

(二)对新入职员工履行告知义务

在签订劳动合同前,用人单位需要如实告知新员工工作内容、工作条件、工作地点、劳动报酬,以及新员工要求了解的其他情况。

(三)签订劳动合同

签订劳动合同、协议等应先由员工签字,单位统一盖章,禁止为空白合同、协议盖章。

另外,劳动合同应在新员工报到当日签订,最迟不得超过 30 日。在签订劳动合同的同时还需签订保密协议、个人信息授权书,如入职员工需要培训,还需签订员工培训协议。新入职员工拒绝签订上述合同、协议的一律不予录用。

(四)发放劳动合同,建立员工名册

招聘专员制作劳动合同发放签收表,由收到劳动合同的员工签字确认,根据劳动合同发放签收表制作员工名册。

(五)将劳动合同等材料归档

劳动合同一式二份,公司和员工各执一份。人力资源部门要将新员工的劳动合同、入职处理材料等逐一归档处理,并装入对应档案袋,以备后期员工关系管理使用。

学习自测

一、判断题(对的打√,错的打×,请将合适的答案填写在对应的位置)

1. 在录用决策过程中,对应聘者的社会资源分析的意义不大。　　　(　　)

2. 人员录用有助于提高产品质量、节约生产成本、降低员工流失率。　(　　)

3. 有效的员工录用会使组织内员工产生压力和竞争,感受到岗位的挑战,从而对员工产生激励作用。　　　(　　)

4. 主考官的专业知识是必备的第一要素,这直接决定了录用决策的质量。　(　　)

5. 在总结应聘者的有关信息时,评价小组主要关注"现在能做什么""愿意做什么""将来可能做什么""志向是什么"等方面的信息。　　　(　　)

6. 对高级管理人员的录用决策方法一般不同于文职人员与技术人员。　(　　)

7. 在录用决策时,企业需要衡量企业现有的薪酬水平与应聘者要求的差距。　(　　)

8. 部门经理以上的职位,一般需要企业高层或专家来面试做出决策。　(　　)

9. 如果人力资源部门和用人部门在选择录用人选时有分歧,一般由人力资源部门来确定。　　　(　　)

10. 录用决策的关键点在于录用决策成员有一致的判定标准,使评价结果尽可能真实、客观。　　　(　　)

二、单项选择题(请将合适的答案填写在对应的位置)

1. (　　)是确定员工身份的依据。

　　A. 确定并公布录用名单　　　　　　B. 员工录用手续的办理

　　C. 签订试用期合同　　　　　　　　D. 转正

2. 以下关于录用的说法,不正确的是(　　)。

　　A. 人员录用关系到企业人力资源管理的成败

　　B. 有效的员工录用有利于开发员工潜力

　　C. 成功的员工录用有利于提高产品质量

　　D. 有效的员工录用有利于组织与个人发展

3. 正式的录用过程需要( )参与。

    A. 供应商   B. 用人部门

    C. 行政部   D. 政府部门

4. ( )策略是将多种考核与测试项目依次实施,每次淘汰若干低分者。

    A. 多重淘汰   B. 补偿录用

    C. 跨栏式   D. 结合式

5. 以下属于应聘过程中的录用决策信息的是( )。

    A. 笔试成绩   B. 工作经历

    C. 教育背景   D. 年龄

6. 录用决策的最重要依据是( )。

    A. 人职匹配的程度   B. 招聘岗位需求

    C. 求职者的综合表现   D. 战略发展需要

7. 用人单位在与新进劳动者签订劳动合同前必须审查劳动者的( )。

    A. 任职资格   B. 学历证书

    C. 主体资格   D. 体检证明

8. 以下措施中,能有效纠正录用决策误区的是( )。

    A. 增加更多的招聘费用   B. 提高招聘效率

    C. 运用更广泛的招聘渠道   D. 制定企业的招聘录用标准

9. 订立劳动合同的( ),表明双方在订立合同时法律地位平等,且充分体现了双方订立劳动合同的真实意图。

    A. 诚实守信原则   B. 公平原则

    C. 平等自愿原则   D. 协商一致原则

10. 在招聘结束后,( )应将所有人员招聘与录用的资料存档备案,以备查询。

    A. 行政部门   B. 业务部门

    C. 政府部门   D. 人力资源部门

三、多项选择题(五个备选项中至少有两个符合题目要求,请将合适的答案填写在对应的位置)

1. 以下关于录用的说法,合理的有( )。

    A. 人员录用是招聘管理的关键环节

    B. 成功的人员录用有助于控制离职成本和培训成本

    C. 有效的人员录用有利于开发员工的潜能

    D. 人员录用会体现企业的用人导向

    E. 有效的人员录用有利于组织和个人的共同发展

2. 人员录用的工作主要包括( )。

    A. 确定录用名单   B. 办理录用手续

    C. 新员工转正   D. 签订试用期合同

    E. 背景调查

3. 正式录用过程中用人部门与人力资源部门应该共同完成以下工作( )。

A. 新员工试用期的考核鉴定

B. 与员工签订正式雇用合同

C. 制订员工发展计划

D. 为员工提供必要的帮助与咨询

E. 根据考核情况进行正式录用决策

4. 在录用决策过程中,为保证应聘者信息的准确、可靠、真实,需要审核的信息有(　　)。

A. 应聘者年龄等基本信息　　　　　　B. 应聘者工作经历等信息

C. 应聘过程中的各种测试成绩等信息　D. 应聘者的收入等信息

E. 猎头公司的背景调查信息

5. 如果存在(　　),招聘单位就会取消应聘者的录用资格。

A. 在应聘期间提供虚假信息资料

B. 经查实未与其他用人单位解除劳动关系

C. 经查实身体不适应工作岗位

D. 患有精神疾病

E. 自身条件明显高于任职岗位条件

实操训练

　　某公司刚成立不久,业务正迅速发展,对人才的需求非常旺盛。公司由于不太重视新员工入职环节的指导与训练,导致新员工入职后出现了很多问题。为建立良好的招聘体系,公司总经理要求人力资源部门拿出一套录用面谈方案。作为人力资源部门的负责人,请你结合录用面谈的重要性、企业经营需要以及员工入职实际需求设计该方案。

学习评价

本项目学习任务综合评价表

班　级		姓　名		学　号		
评价项目	评　价　标　准	分值	自评	互评	师评	总评
知识回顾	理解对应知识体系	10				
新知识导入	掌握录用决策、入职管理等对应的基础理论	15				
材料研讨	会运用素材、参与积极、认识深刻、见解独到等	25				
操作流程	掌握对应操作流程	20				
方法训练	熟练运用所学方法解决具体问题	20				
自测效果	学习成效符合测评要求	10				
合　　计		100				

项目九 招聘评估与总结

■ **学习目标**

了解影响招聘评估的作用；熟悉招聘评估的主要内容；理解招聘总结的主要内容；掌握撰写招聘总结报告的步骤。

■ **素质目标**

培养战略眼光与规则意识，懂得总结与持续改进等。

■ **学习要点**

招聘评估、招聘总结。

招聘评估非常重要，但为什么在人力资源管理实践中常难以实施？

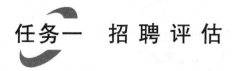

任务一 招聘评估

招聘评估是招聘活动的重要组成部分。用人单位通过招聘评估，可以对招聘活动的效益和成本进行核算，进而了解在招聘过程中相应的支出，有针对性地确定招聘应支出项目和非应支出项目。通过这种评估活动，可以控制招聘成本，并为之后的招聘活动提供丰富的参考资料和工作经验。

一、招聘评估的基本作用

（一）有利于节省开支

招聘评估包括招聘结果的成效评估（如招聘成本与效益评估、录用员工数量与质量评估）和招聘方法的成效评估（如招聘的信度与效度评估）。其中，针对招聘成本与效益的评估，能够使招聘人员清楚招聘支出情况，对于其中非应支出项目加以避免，有利于节约将来的招聘支出。

（二）有利于检验招聘工作的有效性

通过录用员工数量评估，可以分析招聘数量是否满足原定的招聘要求，及时总结招聘工作经验并找出工作中存在的不足，从而为改进之后的招聘工作提供依据。

（三）有利于提高招聘工作质量

通过录用员工质量评估，可以了解员工的工作绩效、行为表现、实际能力、工作潜力与招聘岗位要求的符合程度，从而为改进招聘方法、实施员工培训和为绩效评估提供必要的、有用的信息。同时，通过招聘的信度和效度评估，可以了解招聘过程中所使用方法的正确性与有效性，从而不断积累招聘工作的经验，不断完善招聘体系，提高招聘工作质量。

二、招聘评估的主要内容

（一）招聘成本与效益评估

招聘成本与效益评估是指对招聘中的各项费用进行调查、核实，并对照预算进行评价的过程。招聘成本与效益是考核招聘效率的一个重要指标。招聘成本与效益可使用招聘单价核算，其计算公式为

$$招聘单价＝招聘总费用（元）÷录用人数（人）$$

进行招聘成本与效益评估的基础是招聘预算。招聘预算应该是全年人力资源开发与管理的总预算的一部分。招聘预算中主要包括招聘广告预算、招聘测试预算、体格检查预

算、其他预算等,其中招聘广告预算占据相当大的比例。

(二) 录用人员评估

录用人员评估是指根据招聘计划对录用人员的质量和数量进行评价的过程。其中,录用人员的数量可用以下几个指标来表示。

1. 录用比

$$录用比 = 录用人数 \div 应聘人数 \times 100\%$$

相对来说,录用比越小,录用者的素质越高;反之,则可能录用者的素质较低。

2. 招聘完成比

$$招聘完成比 = 录用人数 \div 计划招聘人数 \times 100\%$$

如果招聘完成比等于或大于 100%,则说明在数量上全面或超额完成招聘计划。

3. 应聘比

$$应聘比 = 应聘人数 \div 计划招聘人数 \times 100\%$$

应聘比越大,说明招聘信息发布效果越好,同时说明录用人员可能素质较高。

除了运用录用比和应聘比这两个数据来反映录用人员的质量外,也可以根据招聘的要求或工作分析中的要求对录用人员进行等级排序来确定其质量。

(三) 招聘工作评估

1. 平均职位空缺时间

平均职位空缺时间是从量的角度进行招聘工作评价,反映平均每个职位空缺多长时间能够有新员工补缺到位,能够反映招聘人员的工作效率,其计算公式为

$$平均职位空缺时间 = 职位空缺总时间 \div 补充职位数 \times 100\%$$

平均职位空缺时间越小,说明招聘效率越高。

2. 招聘合格率

招聘合格率是从质的角度进行招聘工作评价,其计算公式为

$$招聘合格率 = 合格招聘人数 \div 总招聘人数 \times 100\%$$

招聘合格率反映招聘工作的质量,这里的合格招聘人数是指顺利通过岗位适应性培训、试用期考核最终转正的员工。

3. 新员工对招聘人员工作满意度

$$新员工对招聘人员工作满意度 = 满意度高的新员工数量 \div 新员工总数 \times 100\%$$

新员工对招聘人员工作进行满意度评价,"满意"和"比较满意"的比例高,说明新员工对招聘人员工作的认可度高,这在一定程度上反映了招聘人员的工作水平。

4. 新员工对企业的满意度

$$新员工对企业的满意度 = 满意度高的新员工数量 \div 新员工总数 \times 100\%$$

满意度高的新员工数量是指企业进行新员工满意度调查时,对企业总体"满意"和"比较满意"的新员工数量。该项评估一定程度上反映了新员工对企业的认可程度,影响着新员工的工作士气与工作绩效。

材料研讨

　　招聘人员的首要任务是识别、评估和聘用最适合企业具体空缺职位的人才。在寻找高绩效人才的过程中,招聘经理会筛选数百名求职者,分析他们的职业经历并安排面试。随着潜在候选人的数量不断增加,这些流程需要越来越多的时间,从而使招聘程序成为企业相当高的一项支出。

　　从本质上讲,招聘漏斗是招聘过程中所有阶段的细分,从提高对企业潜在候选人的认识开始,并以候选人的最终聘用结束。招聘漏斗的图示有时会因招聘流程而异。

　　思考:请举例描述招聘漏斗在招聘评估中的价值,并以一张漏斗形图示说明。

方法学习

招聘成本分析

　　用人单位一年核算一次招聘成本,通常会关注整体招聘成本份额较多的项目,了解为什么产生了支出,是否产生了应有的效果。同时,用人单位还会测算平均招聘成本,该指标会因岗位、职级、资历、行业、企业规模或招聘数量而不同,且有很大差异。招聘成本分析的具体内容如表 9-1 所示。在计算和评价招聘成本时,对不同的岗位应单独分析。平均招聘成本的合理区间是该岗位年薪的 16%～20%,岗位层级越低,平均招聘成本越接近这一区间的底端。

表 9-1　招聘成本分析

岗位名称	所属部门	招聘人数	招聘周期	内部成本			外部成本							总招聘成本	平均招聘成本
				人员薪水	推荐奖金	激励奖金	渠道成本	中介费用	活动费用	差旅费	物料费用	面试费用	其他费用		

任务二　招聘总结

招聘总结的主要内容

（一）招聘计划简述

招聘计划是在人力资源规划之后，实施招聘活动之前制订的，在招聘总结中只需说明招聘岗位名称、数量，招聘计划何时完成，招聘工作由哪个部门负责实施，参加人员等。

（二）招聘进程

招聘进程应以时间表的形式描述招聘与录用的时间安排和落实情况，注意写明时间节点以及对应的具体负责实施人员，示例如下。

2023 年 1 月 21 日，人力资源部门组织召开招聘工作会议，围绕招聘计划，布置了招聘工作。

2023 年 1 月 23 日，在《××商报》、×××招聘网站刊登招聘广告（由招聘专员×××实施）。

2023 年 2 月 10 日—20 日，对应聘岗位进行分类，并初步筛选出符合要求的应聘者简历 100 份，通知笔试（由招聘组的人力资源部门和用人部门实施）。

2023 年 2 月 25 日，笔试及阅卷，筛选并通知复试时间（由招聘组的人力资源部门实施）。

2023 年 2 月 26 日—3 月 3 日，心理测试及面试，并确定录用人员（由招聘组的人力资源部门和用人部门实施）。

2023 年 3 月 15 日—17 日，录用人员报到体检（由招聘专员×××实施）。

2023 年 3 月 18 日—24 日，入职培训（由人力资源部门实施）。

2023 年 3 月 25 日，录用人员上岗（由招聘组的人力资源部门和用人部门实施）。

（三）招聘结果

招聘结果记录每次通过测试的数量和最终的录用决定，示例如下。

应聘者 200 人，笔试者 100 人，面试者 50 人，录用 10 人，招聘完成率 100％。录用人员如期到岗。

（四）招聘费用

招聘费用部分记录各项费用的使用情况，示例如下。

招聘费用主要介绍招聘费用的使用和支付的情况，其内容一般有两项：招聘预算和实际费用。具体费用构成包含招聘广告费、参加招聘会费用、测试费用、体检费用、新员工培训费用和各项杂费。

（五）招聘评定

招聘评定部分实质上是招聘综合评估的结果,既要指出招聘的成功经验,也要指出招聘中存在的不足。招聘总结完成后,招聘负责人应该将其发送给参与招聘活动的人员阅读和学习,使之全面了解已经完成的招聘活动,同时妥善保存,以供随时查阅。例如,某公司的招聘评定如下。

主要成绩:由于此次采用了科学的招聘测试技术,录用的人员与岗位需求匹配度较高,同时委托专业机构甄选、面试和录用的两位经理素质十分令人满意,且在规定时间内全部到岗。同时,由于公平竞争和招聘人员的专业展示,应聘者对公司评价较高,对树立良好的企业形象有一定的作用。

主要不足:招聘广告的设计不够完善,吸引到的应聘者没有达到预期数量。招聘的总体费用超支 10%。招聘工作节奏很紧张,招聘人员工作量很大。

✿ 材料研讨

关键人才招聘难已成为普遍现象,招贤纳士不能仅依靠人力资源部门也成为共识,用人部门在招聘过程中的配合度极大影响着招聘结果,如果用精细化的数据记录用人部门的投入与贡献,就可以有理有据地检视人力资源部门与用人部门的待改善之处,从而明确责任、理清改善方向。

思考:在招聘总结阶段,如何分别考核一个招聘周期内的人力资源部门和用人部门的工作绩效? 为什么?

_____

_____

_____

_____

_____

✎ 方法学习

撰写招聘总结的步骤

撰写招聘总结的步骤如图 9-1 所示。

图 9-1 撰写招聘总结的步骤

（一）设计时间表

撰写招聘总结，无论是采集数据、拟定初稿、修改完善，还是排版优化、汇报审核，都需要大量时间。尤其是撰写年度总结，没有 1~2 周的时间是很难完成的。在总结之前，招聘负责人需要设计一个时间表和行动计划。

（二）思考总结方向

总结是回顾过去的工作状况及目标实现情况，总结成功和不足，并规划未来的发展方向。但在总结汇报时，不同汇报对象的关注点是不一样的，如表 9-2 所示。招聘人员要思考部门的定位是什么，总结汇报的对象是谁，他们期望听到什么内容，自身的诉求是什么，以此为基础来确定招聘总结的内容框架。一般来说，招聘总结会涉及成绩、价值、任务、举措、不足和经验六部分内容，如表 9-3 所示。

表 9-2　汇报对象及关注点

汇报对象	可能的关注点
直属领导	在工作中发现的问题及其解决思路
上级领导	未来工作目标和具体措施
其他部门领导	具体的成果及可借鉴的地方
下属	对未来工作的具体思路及愿景
全体员工	过往取得的成绩及未来的工作方向

表 9-3　招聘总结的内容

项目	内容
成绩	包括工作计划与工作目标完成情况、重点数据的对比分析、重点事件的描述、重点工作同比和环比分析、与标杆企业或竞争对手的分析，甚至包括和组织内部兄弟单位的对比等
价值	主要体现在对企业战略与业务的参与程度，是否做了对企业有深远影响的事情或决策，如在企业品牌建设时做出哪些重要决策，在提升员工敬业度和工作满意度等方面做了哪些事情等
任务	对部门重点工作进度和结果的阐述，或是对关键事件/里程碑事件的重点描述
举措	主要是对部门工作或岗位工作的关键举措的进展、已经产生效果的描述，包括对部门中一些最佳实践或是创新方法所做的推广进行阐述
不足	目前工作中的不足之处、可以改进的地方
经验	获得了哪些工作经验，哪些工作经验值得推广、普及或学习，在规则或机制方面可以做哪些改善等

（三）确定表现形式

汇报的表现形式选择 PPT 还是 Word，要基于总结汇报的场景及习惯来决定。

（四）草拟内容大纲

草拟内容大纲，确定采用时间维度还是空间维度，用"总分总"的结构还是大事件的先后顺序结构，需要把招聘报告内容清晰、有条有理地传递给受众群体。

（五）采集数据与案例

在招聘总结中会用到两类数据：针对企业层面的基础数据和针对特殊项目的专项数据，如表 9-4 所示。招聘人员可以从部门过往的日报、周报、月报中寻找数据，也可以从利益相关方（如用人部门、财务部门等）获取数据。当然，也不能忽视历史数据，如去年规划的任务今年是否完成，相比去年绩效，今年改善得如何等。

表 9-4　招聘总结的数据

维　度	内　容
在职人数统计	包括学历、性别、入职时间、所属部门等各种结构分析
招聘结果统计	包括不同部门/岗位的招聘计划完成情况，尤其是关键指标达成率
招聘过程数据分析	包括招聘流程各环节的转化率及招聘时长，通常以招聘漏斗的呈现形式
招聘渠道效能分析	包括采购渠道的情况、费用、候选人来源（包括主动投递和招聘人员搜索）及平均有效简历成本、平均录用成本
员工流失率分析	包括不同月份/部门/岗位的离职情况及离职原因分析，以及招聘人数和流失人数的对比
招聘费用统计	招聘过程中各种费用的统计及效益分析
招聘团队建设	包括团队结构、绩效表现、学习与成长等方面

（六）撰写总结报告

无论是选择 PPT 还是 Word 来汇报招聘总结，都要注意内容的逻辑性和条理性。每段标题都应概括主要内容，让人不用读完全文即可知道大致内容；对每段内容进行归纳整理，切勿记流水账；多开展工作分析，尤其是多从人力资源管理的专业角度、从业务或财务的视角来谈招聘；多用图表、图片或数据，少用空话、套话。

（七）调整与润色

撰写好招聘总结的初稿后，应不断进行修改、完善，要反复读几遍，检查内容是否连贯、流畅，章节安排是否符合逻辑；所传递的主题思想是否一致，想要表达的内容是否清楚；是否存在不必要的重复，整体风格是否统一；所陈述的数据和案例是否准确。经过不断修改，确认所有内容无误后，再进行排版和设计，让招聘总结更美观。

除了常规的招聘工作外，招聘总结中还会对一些重点项目进行总结，或是站在企业的角度对招聘工作进行体系化的思考，具体内容视招聘人员的角色和位置而定，没有必要贪大求全。

好的工作总结，除了对过去工作进行总结外，还要有行动和反思。因为在完成总结之后，才能制订后续的工作计划，这些计划能够进一步弥补招聘工作的不足，持续提升招聘质量。

学习自测

一、判断题（对的打√，错的打×，请将合适的答案填写在对应的位置）

1. 新员工的上岗意味着企业的招聘工作结束。　　　　　　　　　　　　　（　　）

2. 招聘评估主要是为了提高下次招聘工作的有效性与效率。 （　　）

3. 人力资源的招聘工作是组织的一种经济行为，必然需要纳入组织的经济核算，这就意味着以较低的成本来满足组织的用人需求。 （　　）

4. 在招聘评估时，企业不需要了解没有录用的应聘者的看法。 （　　）

5. 衡量人力资源招聘工作的有效性，实质上就是考察招聘目标的实现程度。 （　　）

6. 基于目标管理的管理思想，企业招聘管理的评估可以从财务维度、用人部门维度、内部流程维度和学习与改进维度展开。 （　　）

7. 应聘比越高，说明企业录用的人员质量越高。 （　　）

8. 在招聘评估环节，对从事招聘工作的企业员工评价非常重要。 （　　）

9. 招聘总结报告是对整个招聘及评估工作的书面体现，可以为下一次成功招聘打下良好的基础。 （　　）

10. 招聘总结报告应由用人部门负责人执笔。 （　　）

二、单项选择题（请将合适的答案填写在对应的位置）

1. （　　）大于或等于 100％时，说明在数量上完成或超额完成了招聘任务。

    A. 录用比　　　　　　　　　　B. 招聘完成比

    C. 应聘比　　　　　　　　　　D. 总成本效用

2. 招聘录用比的计算公式为（　　）。

    A. 录用比＝录用人数/应聘人数×100％

    B. 录用比＝应聘人数/招募人数×100％

    C. 录用比＝被选中人数/应聘人数×100％

    D. 录用比＝录用成功的人数/计划招聘人数×100％

3. 在招聘评估中，录用比和应聘比在一定程度上反映录用人员的（　　）。

    A. 数量　　　　　　　　　　　B. 成本

    C. 质量　　　　　　　　　　　D. 规模

4. （　　）的比例越大，表示招聘信息发布的效果越好。

    A. 录用比　　　　　　　　　　B. 招聘完成比

    C. 应聘比　　　　　　　　　　D. 总成本效用

5. 招聘评估的主要目的在于（　　）。

    A. 控制招聘成本　　　　　　　B. 提高招聘效率

    C. 及时补充岗位空缺　　　　　D. 提高招聘质量

6. 成本效用越大，招聘效果越好，而最能体现招聘效果的是（　　）。

    A. 招募成本效用　　　　　　　B. 选拔成本效用

    C. 总成本效用　　　　　　　　D. 人员录用效用

7. 单位招聘成本的计算，一般由总成本除以（　　）。

    A. 录用的总人数　　　　　　　B. 应聘的总人数

    C. 到岗的总人数　　　　　　　D. 招聘的总人数

8. 衡量人力资源招聘工作的有效性，实质就是考察（　　）。

    A. 招聘人员的工作情况　　　　B. 招聘数量的实现程度

    C. 招聘费用的实现程度   D. 招聘目标的实现程度

9. 基于（　　）思想，企业招聘管理的评价涉及财务指标与非财务指标。

    A. 平衡记分卡   B. 关键绩效指数

    C. 目标管理   D. 全面质量管理

三、多项选择题（五个备选项中至少有两个符合题目要求）

1. 以下说法正确的有（　　）。

    A. 招聘评估要求招聘工作必须纳入组织经济核算

    B. 招聘评估为改进人员招聘工作提供依据

    C. 招聘评估反馈招聘人员的工作情况

    D. 招聘评估有助于改善企业人才招聘的质量

    E. 招聘评估价值不大，往往流于形式

2. 对录用员工数量的评估是对招聘工作有效性检验的一个重要方面。通过数量评估，有助于（　　）。

    A. 找出各招聘环节的薄弱之处，改进招聘工作

    B. 比较录用人员数量与招聘计划数量，为人力资源规划的修订提供依据

    C. 对员工进行质量评估，为员工培训、绩效评估提供必要的信息

    D. 观察竞争对手的招聘动向

    E. 经济目标责任制的落实与考核

3. 员工离职的间接成本要比直接成本高得多，这主要包含（　　）。

    A. 员工离职后留下来的员工生产力下降

    B. 资产的潜在损失

    C. 顾客或企业交易的损失

    D. 销售战斗力的下降

    E. 员工士气降低

4. 下属说法中，会导致高离职率的有（　　）。

    A. 企业的管理制度上存在问题

    B. 企业录用了不合适的员工

    C. 企业对员工的培训存在缺陷

    D. 企业的激励与绩效脱节

    E. 企业对员工的管理方式存在不足

5. 以下不属于撰写招聘总结的基本原则的是（　　）。

    A. 真实客观、反应全过程

    B. 由招聘主要负责人撰写

    C. 明确指出成功与失败之处

    D. 委托中介机构起草

    E. 体现效率优先

1. W 集团人力资源部门为了探究更有利于招聘某职位人员的渠道，在对以往招聘的相关资料进行整理的基础上，形成了一份招聘渠道统计表，如表 9-5 所示。

表 9-5　招聘渠道统计表

吸引数量	校园招聘	员工推荐	报刊广告	网络招聘	猎头招聘
投递简历人数/人	250	50	500	400	20
接受面试的求职者人数/人	200	45	400	160	20
合格的应聘人数/人	120	40	100	40	19
实际录用人数/人	100	30	40	15	15
总成本/元	300 000	120 000	200 000	150 000	450 000

请回答以下问题：

（1）计算各种招聘渠道的招聘录用比率和实际录用人员的单位成本。

（2）W 集团进行招聘渠道效能评估时，选择最合适的招聘渠道时应考虑哪些问题？为什么？

2. 一年一度的社团招新活动已经结束。有一天,社团指导老师找到你,要求你对此次招新活动进行阶段性总结,并提供一份评估报告。作为人力资源管理专业的一名学生,你如何呈现这份招新活动总结?

学习评价

本项目学习任务综合评价表

班 级		姓 名		学 号			
评价项目	评 价 标 准		分值	自评	互评	师评	总评
知识回顾	理解对应知识体系		10				
新知识导入	掌握招聘评估等对应的基础理论		15				
材料研讨	会运用素材、参与积极、认识深刻、见解独到等		25				
操作流程	掌握对应操作流程		20				
方法训练	熟练运用所学方法解决具体问题		20				
自测效果	学习成效符合测评要求		10				
合　计			100				

参 考 文 献

[1] 中华人民共和国职业教育法[M].北京:中国法制出版社,2022.

[2] 陶行知.生活即教育[M].武汉:长江文艺出版社,2021.

[3] 李有增,谢新水.高校教学模式创新的理论与实践[M].北京:人民出版社,2015.

[4] 王竹立.学习与创新:互联网时代如何做教师[M].北京:高等教育出版社,2017.

[5] 肖川.完美的教学[M].北京:北京师范大学出版社,2015.

[6] 波特兰·罗素.教育与美好生活[M].上海:上海人民出版社,2020.

[7] 理查德·萨斯坎德,丹尼尔·萨斯坎德.人工智能会抢哪些工作[M].杭州:浙江大学出版社,2018.

[8] 查德·拉特利夫,帕姆·莫兰,伊拉·索科尔.终身学习:让学生在未来拥有不可替代的决胜力[M].北京:中国青年出版社,2020.

[9] 苏霍姆林斯基.给教师的建议[M].成都:四川文艺出版社,2022.

[10] 鲍勃·派克.重构学习体验[M].南京:江苏人民出版社,2015.

[11] 罗斯玛丽·希普金斯,雷切尔·博斯塔德,萨利·博伊德,苏·麦克道尔.面向未来的核心素养[M].上海:华东师范大学出版社,2020.

[12] 中国就业培训技术指导中心.企业人力资源管理师国家职业技能培训教程(三级)[M].3版.北京:中国劳动保障出版社,2014.

[13] 加里·德斯勒.人力资源管理[M].14版.北京:中国人民大学出版社,2017.

[14] 彼得·德鲁克.人和绩效[M].北京:机械工业出版社,2019.

[15] 万玺.招聘管理[M].2版.北京:科学出版社,2016.

[16] 孙宗虎.甄选面试管理[M].北京:人民邮电出版社,2016.

[17] 孙宗虎,刘娜.招聘、面试与录用管理实务手册[M].4版.北京:人民邮电出版社,2017.

[18] 翁春春,王珊珊,冯雪美.HR招聘技能实操全案:中小企业如何做好招聘配置[M].北京:中国法制出版社,2021.

[19] 赵永乐,姜农娟,凌巧.人员招聘与甄选[M].3版.北京:电子工业出版社,2018.

[20] 何立.精准招聘:从入门到精通[M].北京:化学工业出版社,2021.

[21] 大招,孙莹,张号东.首席招聘官:新手入门、招聘技能详解与自我修炼之道[M].北京:北京大学出版社,2021.

[22] 马克·霍斯特曼.卓有成效的招聘管理[M].北京:机械工业出版社,2021.

[23] 邱庆剑.人力资源管理工具箱[M].2版.北京:机械工业出版社,2010.

[24] 周志友.德胜员工守则(全新升级版)[M].北京:机械工业出版社,2014.

[25] 黄卫伟.以奋斗者为本:华为公司人力资源管理纲要[M].北京:中信出版社,2014.

[26] 道格·李普.迪斯尼大学:打造世界一流员工团队的传奇[M].北京:机械工业出版社,2014.

[27] 拉斯洛·博克.重新定义团队:谷歌如何工作[M].北京:中信出版社,2015.

[28] 斯蒂芬·弗罗斯特,丹尼·卡尔曼.包容性人才管理:面对多样性企业如何顺势而为管好人才[M].北京:中信出版社,2017.

[29] 郭玉玲. 迈好职场第一步:新员工手则[M]. 北京:机械工业出版社,2010.

[30] 日本商务实务研究会. 入职第一课:7大规矩和66个工作习惯[M]. 北京:东方出版社,2012.

[31] 李远婷. 从菜鸟到专家:人力资源管理实战笔记[M]. 北京:北京时代华文书局,2019.

[32] 王付有. 登峰——顶级猎头眼中的职场进阶法则[M]. 北京:中国工人出版社,2019.

[33] 刘佳. 猎头笔记[M]. 北京:龙门书局,2011.

[34] 李江华. 世界500强人力资源总监是如何炼成的[M]. 2版. 北京:清华大学出版社,2018.

[35] 涂熙. 人力资源经理成长手记[M]. 北京:清华大学出版社,2020.

[36] 众合云科研究中心. 数字化时代的HR实战宝典[M]. 北京:电子工业出版社,2022.

[37] 克劳斯·施瓦布,蒂埃里·马勒雷. 后疫情时代——大重构[M]. 北京:中信出版社,2020.

[38] 贝弗利·凯,沙伦·乔丹-埃文斯. 留住好员工[M]. 2版. 北京:中信出版社,2022.